国家高端智库
NATIONAL HIGH-END THINK TANK

上海社会科学院重要学术成果丛书·专著

中日民法的近代化和法典化

The Modernization and Codification of Chinese and Japanese Civil Law

孟祥沛 / 著

上海人民出版社

本书出版受到上海社会科学院重要学术成果出版资助项目的资助

编审委员会

总　序

当今世界,百年变局和世纪疫情交织叠加,新一轮科技革命和产业变革正以前所未有的速度、强度和深度重塑全球格局,更新人类的思想观念和知识系统。当下,我们正经历着中国历史上最为广泛而深刻的社会变革,也正在进行着人类历史上最为宏大而独特的实践创新。历史表明,社会大变革时代一定是哲学社会科学大发展的时代。

上海社会科学院作为首批国家高端智库建设试点单位,始终坚持以习近平新时代中国特色社会主义思想为指导,围绕服务国家和上海发展、服务构建中国特色哲学社会科学,顺应大势,守正创新,大力推进学科发展与智库建设深度融合。在庆祝中国共产党百年华诞之际,上海社科院实施重要学术成果出版资助计划,推出"上海社会科学院重要学术成果丛书",旨在促进成果转化,提升研究质量,扩大学术影响,更好回馈社会、服务社会。

"上海社会科学院重要学术成果丛书"包括学术专著、译著、研究报告、论文集等多个系列,涉及哲学社会科学的经典学科、新兴学科和"冷门绝学"。著作中既有基础理论的深化探索,也有应用实践的系统探究;既有全球发展的战略研判,也有中国改革开放的经验总结,还有地方创新的深度解析。作者中有成果颇丰的学术带头人,也不乏崭露头角的后起之秀。寄望丛书能从一个侧面反映上海社科院的学术追求,体现中国特色、时代特征、上海特点,坚持人民性、科学性、实践性,致力于出思想、出成果、出人才。

　　学术无止境,创新不停息。上海社科院要成为哲学社会科学创新的重要基地、具有国内外重要影响力的高端智库,必须深入学习、深刻领会习近平总书记关于哲学社会科学的重要论述,树立正确的政治方向、价值取向和学术导向,聚焦重大问题,不断加强前瞻性、战略性、储备性研究,为全面建设社会主义现代化国家,为把上海建设成为具有世界影响力的社会主义现代化国际大都市,提供更高质量、更大力度的智力支持。建好"理论库"、当好"智囊团"任重道远,惟有持续努力,不懈奋斗。

上海社科院院长、国家高端智库首席专家

目 录

引　言

第一节　问题的提出

中国和日本都是具有东方传统的亚洲国家,两个国家无论是在文化传统上,还是在法律传统上,都有极其相似的一面。

中国法制史源远流长。从《法经》到《大清律》,中国古代帝制时期的法典具有明晰的因革关系,长期自成体系,独具特色,形成世界五大法系之一的中华法系。其主要特点是:法律以君主意志为转移,法律以礼教为指导原则和理论基础,法律以刑法为主,司法从属于行政。[1]

中华法系从唐朝起即对日本、朝鲜等东亚国家发生重大影响。日本传统法制属于中华法系的范畴已是不争的事实。日本著名法学家穗积陈重[2]在其所著的《日本新民法》中曾经指出:"日本法律属于中华法系已有 1600年,虽自大化改新后经历许多巨大变化,然日本法制之基础仍属于中国之道德哲学与崇拜祖先的习惯及封建制度。"

然而,19 世纪下半叶,伴随着明治维新,日本在步入资本主义社会的同

---

① 叶孝信:《中国法制史》,北京大学出版社 1996 年版,第 1—4 页。
② 〔日〕穗积陈重(ほづみのぶしげ,1856—1926)是日本最早的法学博士,1890 年后任贵族院敕选议员、法典调查会主查委员、枢密院议长、临时法制审议会总裁等职。他以实证主义学风致力于法理学、比较法研究,为日本法学界先驱,著有《法律进化论》《法典论》《法窗夜话》等书。

时,其法制也相应地走出中华法系而开始西化。与日本在政治、经济上的"脱亚入欧"相对应,笔者曾将其在法制上的这一转变过程归纳为"脱中入西":"脱中"自然是指其脱离中华法系而言;"入西"指其大力移植西方法律文化,以此跻身于西方法系之列。①日本明治政府在短短几十年时间里,通过一系列的法制改革运动,逐步建立起基本完整的近代化的法制体系,既为日本收回治外法权、废除不平等条约创造了条件,又为日本资本主义的发展提供了法律上的保障。这使日本在最危难的时刻,逃脱西方列强虎狼之口,不仅摆脱了沦为半殖民地的危机,而且快速推动经济发展,成为非欧世界中唯一没有被殖民过的国家和非基督教文明世界中唯一能与西方强国匹敌的国家。

中国在 20 世纪初亦开展了一场轰轰烈烈的法制变革运动,首先是清廷发布谕旨:"著派沈家本、伍廷芳等人将一切现行律例,按照交涉情形,参酌各国法律,悉心考订,妥为拟议,务期中外通行,有裨治理。"②然后指派载泽、端方等大臣出国考察,准备实行预备立宪。后又成立修订法律馆,任命沈家本、俞廉三和英瑞三人为修订法律大臣,紧锣密鼓地进行原有法典的修订和各种近代法律的起草,由此拉开中国法制近代化的序幕。然而,通过此次法制改革运动,中国不仅没有走上法治国家的道路,反而一步步沦向半殖民地半封建社会的深渊。清政府垮台以后,活跃在中国政治舞台上的资产阶级政权也曾多次进行法制改革,试图建立和完善资本主义法律体系,然而直到 20 世纪二三十年代,近代法律体系才得以在中国确立。

中日两国法制改革的道路和结果产生如此巨大的差异,难道仅仅是由于政治方面的原因吗? 带着这个强烈的疑问,笔者开始关注中日两国近代法制史。面对纷繁复杂的史料,笔者最后将着眼点集中于民法的近代化上。这是因为,民事法律规范不仅与人们日常生活密切相关,而且许许多多近代

---

① 孟祥沛等:《日本近代法制:"脱中入西"》,《探索与争鸣》1999 年第 12 期。
② 《大清光绪实录》卷 570。

法制最基本的原则,诸如平等、权利等,起初都是在私法(民法)方面得到承认,后来才逐渐见于公法方面。"法的其他部门只是从民法出发而发展起来的"①;"民法典不管是在哪里,都往往被当作整个法律制度的核心"②。因此可以说,民事法律的发达程度,在很大程度上反映着一个国家法律发展的总体水平;只有近代民法典的制定和完备才是法制近代化完成的标志。同时,深入研究中日两国在民法近代化的历史进程中所制定的几部民法典对我国当代民法典的编纂、实施、修订和完善具有十分重要的借鉴意义。

第二节　"民法近代化"释义

《现代汉语词典》对"近代"一词的释义为:"(1)过去距离现代较近的时代,在我国历史分期上多指十九世纪中叶到五四运动之间的时期;(2)指资本主义时代。"③其中,第一种解释本身就比较含糊,针对我国历史分期中的"近代"而言,因我国史学界对"近代""现代"和"当代"划分过细,导致我国的"近代"范围较小,而且在时间的上下限上与国外有诸多不同;第二种解释又过于宽泛,因为事实上目前世界上大部分国家仍然处于资本主义时期,所以如果将"近代"作如此理解,则其含义涵盖了国内一般观念上的"近代""现代"和"当代"。

日语中亦有"近代"这一词汇,根据日本权威词典《广辞源》的解释,"近代"含义有二:一是距离现在较近的时代;二是历史时期的划分,一般指与封建社会后期相承接的资本主义社会。日本学界普遍将从明治维新开始至太

---

① [法]勒内・达维德:《当代主要法律体系》,漆竹生译,上海译文出版社1984年版,第25页。
② [美]艾伦・沃森:《民法法系的演变及形成》,李静冰、姚新华译,中国政法大学出版社1992年版,第172页。
③ 中国社会科学院语言研究所词典编辑室:《现代汉语词典》,商务印书馆2005年版,第713页。

平洋战争结束这一时期视为日本史的近代。

与"近代"的概念相对应,"近代化"指过去向近代转变的过程。日文"近代化"一词是指向近代状态的转化,但从工业化、资本主义化、生产合理化、民主化等不同侧面着眼则存在着多种不同的观点。①

对于"近代化"一词,台湾学者黄源盛认为,所谓"近代化"的含义,极其暧昧,也人言人殊。一般来说,一个国家、一个民族,乃至一个社会,为使其生活方式,不论在精神上或物质上,能适应时代环境,对于世界上创新的制度与方法作有效的选择和利用,以增进其幸福所做的努力与所获的成果,即为近代化。②

学者张生认为,"近代化"(early modernize)一词在时间意义上是指"现代化"(modernize)的早期阶段,实质性上是指某一社会在物质基础、价值观念、社会心理、制度体系、组织形态等方面的总体变革,并达到一个更高层次的稳定发展状态。③

然而,上述两种解释难免过于宽泛和笼统,让人难以把握。学者陈鹏生、何勤华对"法律文化近代化"一词所下的定义对于近代化的含义具有借鉴意义。陈、何二位学者认为,所谓法律文化的近代化,即是"法律文化的资本主义化",换言之,就是使法律文化具有资本主义时代的水准或内涵。④因此,结合《现代汉语词典》《广辞源》对"近代"一词所下的定义,结合人类历史的发展进程,本书认为,近代化即资本主义化,就是人类社会向资本主义社会转化的过程。

那么,什么是"民法近代化"呢? 让我们首先来看一下什么是"近代民法"。

---

① 《广辞源》,日本岩波书店 1983 年版,第 656—657 页。
② 黄氏此种观点,系参考了日本学者须木主一《我国近代化和外国刑法的影响》中关于"近代化"及"刑法近代化"的阐述,以及台湾学者王尔敏《"现代化"的时代意义及其精神基础》的有关内容而提出。见黄源盛:《中国传统法制与思想》,台湾五南图书出版有限公司 1998 年版,第 273—274 页。
③ 张生:《民国初期民法的近代化》,中国政法大学出版社 2002 年版,第 2 页注 1。
④ 陈鹏生、何勤华:《中日法律文化近代化之若干比较》,《中国法学》1992 年第 2 期。

　　学者梁慧星总结说："所谓近代民法，指经过 17、18 世纪的发展，于 19 世纪欧洲各国编纂民法典而获得定型化的、一整套民法概念、原则、制度、理论和思想的体系。"①

　　民法(civil law)一词来自"市民法"，即市民社会的法。在封建社会末期，从农民和领主两大阶级中逐渐分化出城市中的取得自由权的自由民，这些人叫"市民"，也是我们常说的"资产阶级"的前身。到了资产阶级革命后，市民不再是一个特殊的阶层，而成为广大主权国家的人民，市民法也相应地改称民法。②因此，近代民法是市民社会里规定私人(市民)相互之间关系的普通法，也就是规定私人之间的人身关系和财产关系的普通法。

　　近代民法具有以下四项基本原则和核心内容。

　　1. 人格平等

　　人格、权利能力等概念都是近代民法的产物。在近代民法中没有特权阶级，也没有特权概念，每个人都有完全的权利能力，每个人都是平等的。人格平等表现在各个方面：人们可以平等地享有财产，按照各自真实的意思参加交换，自由自主地享有权利与承担义务。所以，近代民法是全民的法，而不再是某个阶层的法。这与封建社会的法律形成鲜明的对照，后者是特权阶层的法。

　　2. 尊重和保护私有权

　　"尊重和保护私有权"，也就是"所有权神圣不可侵犯"原则。所有权制度自古存在。在原始社会，人们就对自己的用品有了所有权。到了奴隶社会，所有权的范围逐渐扩大。在封建社会，所有权主要就是家族的所有权，以家族为本位。只有到资本主义时期，才承认个人所有权。近代民法的所有权是私有权、个人所有权。

---

① 梁慧星：《民法学说判例与立法研究》(二)，国家行政学院出版社 1999 年版，第 81 页。

② 谢怀栻：《外国民商法精要》，法律出版社 2002 年版，第 3—5 页。

3. 契约自由

契约自由即交换自由。它包括两方面：一是商品交换自由，二是劳动交换自由，这两者都要通过契约的形式来实现。契约自由原则的内容主要包括订立契约的自由，即个人有决定是否订立契约的自由；选择对方的自由，即个人有决定与谁订立契约的自由；契约内容自由，即双方当事人有在订立的契约中约定权利、义务内容的自由；契约方式自由，即当事人订立契约的方式可以是口头，也可以是书面。契约自由是私法上意思自治原则的充分体现。

4. 过失责任原则

过失责任原则是古典资本主义民法的基本原则之一，它明确要求民事责任的承担以过失为要件，即民事主体对于损害结果的发生只有存在主观上的故意或过失时，才需要承担相应的民事责任，无过失即无责任。与过失责任原则相辅相成的是自己责任原则，即一个人要对自己的行为负责且只对自己的行为负责，任何人无须对其他人的行为所致损害承担责任，由此废除了传统的不合理的株连制度。

近代民法以上四项基本原则，无不与人类社会脱离封建社会进入资本主义社会的历史背景休戚相关。只有封建等级秩序和家族观念被打破之后，个人人格的平等才能得以实现，个人私有权才得以成立和存在。也只有在此基础之上，契约自由和过失责任原则才不会成为无源之水、无本之木。

综上，本书认为，所谓"民法近代化"，指一个国家与其政治近代化和经济近代化相对应，在法制方面直接或间接地仿照欧洲19世纪编纂的民法典，在本国逐步建立与资本主义发展相适应的民事法律体系的过程。简言之，即一个国家的民事法律体系从传统法制向近代资本主义法制转化的过程。

由此，本书将我国民法近代化的发展阶段定位于始自20世纪初清末修律，终至1949年中华人民共和国成立这一历史巨变；将日本民法近代化的发展阶段定位于始自19世纪下半叶明治维新后的法制改革，终至1945年第二次世界大战的结束。

第三节　研究的现状和意义

在我国的社会科学研究领域,学术界对中日政治近代化、经济近代化等问题进行了较为充分的比较研究,取得了比较丰硕的科研成果;具体到法学界,一些法史学者亦对中日两国法律近代化的比较给予了相当的关注,如陈鹏生、何勤华的《中日法律近代化之若干比较》一文;陈永胜的《中、日两国法制近代化比较研究》一文;徐立志的《中日法制近代化比较研究》一文;夏锦文、唐宏强:《儒家法律文化与中日法制现代化》等。同时,对日本近现代民法发展过程的研究也日渐繁荣,如段匡著《日本的民法解释学》;渠涛的《日本民法编纂及学说继受的历史回顾》一文;丁明胜、武树臣的《日本明治民法研究》一文;曲阳的《比较法学与日本民法典制定——对本土化问题的另一种思考》一文等。

在日本法学界,围绕日本近代民法典编纂、民法近代化等主题进行的有关日本民法史的研究一向比较繁荣,成果也很丰富,如手塚丰著《明治民法史的研究》、星野通著《明治民法编纂史研究》和《民法典论争史》、石井良助著《民法典的编纂》、大久保泰甫和高桥良彰著《博瓦索纳德民法典的编纂》、广中俊雄等编《民法典的百年》、宫川澄著《旧民法和明治民法》等。有趣的是,日本法学界也不乏对中国近代民法史及至中国法制史的研究,如岛田正郎著《清末近代法典的编纂》、滋贺秀三编《中国法制史》等。

相比之下,两国法学界在中日两国民法近代化的比较研究上,成果尚不多见。这方面较早的成果有郭建 1997 年在日本山梨学院大学《法学论集》上发表的《中日两国民法近代化过程的比较:背景及准备》,其后有笔者 2003 年在《政治与法律》上发表的《中日法制近代化背景之比较》和 2004 年出版的专著《中日民法近代化比较研究》、姚辉 2008 年在《甘肃社会科学》上发表的《中国民法的近代化及其当代课题——以中日两国民法近代化之比较研究为视角》等。

本书拟通过对中日两国民法近代化和法典化的比较,揭示造成中日两国民法近代化不同结果的成因,论述立法工作中如何做到保持本国法律传统与继受外来法律文化的协调统一,并试图引出民事立法的历史经验教训,以期对我国民事立法的完善具有一定的启发意义。

第四节　研究的对象、内容和方法

民法是调整平等主体的自然人、法人、非法人组织之间的人身关系和财产关系的法律规范的总称,其内容纷繁庞杂,既包括统一的民法典,又包括各类单行民事法律法规以及其他法律法规中的民事规范;既体现在成文的民事法律规范中,又体现在各种各样的民事习惯和形形色色的民事实践中。限于本人才力,本书选择将民法典作为研究的突破口,这是因为,"法典往往典型地、集中地、具体地体现了该法律秩序的样式"①。"世界上最著名的一个法律学制度从一部'法典'(CODE)开始,也随着它而结束。"②"法典编纂之举,为立法史上最大之事业。国家千载之利害,生民亿兆之休戚,赖之而定。故凡为国民者,皆不可不沉思熟考,研究其是非得失。彼法律专攻之士,各尽微衷,吐露其意见,尤可谓对于其负荷之特务也。"③

结合中日两国民法近代化的历史进程,本书主要将以下五部民法典作为研究对象。

① 〔日〕大木雅夫:《比较法》,范愉译,法律出版社1999年版,第155页。
② 〔英〕梅因:《古代法》,沈景一译,商务印书馆1984年版,第1页。
③ 〔日〕穗积陈重:《法典论》,范树勋译,上海昌明公司1907年版,第1页。

1.《大清民律草案》和日本"旧民法"

《大清民律草案》和日本"旧民法"分别是中日两国民法近代化开端的标志。

回顾中国法制发展和演化的历史,清末修订法律馆于1911年9月编纂完成的《大清民律草案》无疑是中国民法近代化的开端。它是在参照具有资本主义性质的德国民法典和日本民法典的基础上制定出来的我国第一部系统而完整的民法法典文献。"这一草案不仅在民国民法典颁行前得到了实际的施行,并成为此后中国民法典起草制定的基础。"①它的出台,标志着中国民法在法典化和近代化道路上跨出了第一步。

日本方面,情况显然比中国复杂。明治维新作为日本近代史的开端已是不争的事实,然"环顾明治维新以来的立法史,引起我们注意的是,在民法典的编纂方面,从明治初年到所谓'旧民法'完成为止,草案有数件之多"②。从明治初年起日本相继起草的民法草案有:1871年7月太政官制度局的《民法决议七十九条》、1872年7月司法省明法寮的《皇国民法暂行规则》、1872年10月司法省的《民法暂行法则》、1874年左院的《民法草案》、1878年司法省的《民法草案》和1890年的"旧民法"。其中大多数草案只是民法内容的部分或片断,唯有1890年明治政府通过并颁布的"旧民法"最为系统和完整,因此,本书将"旧民法"视为日本民法近代化开端的标志。

2.《中华民国民法》和日本明治民法

《中华民国民法》和日本明治民法分别是中日两国民法近代化完成的标志。

中华民国南京国民政府成立后,国民政府设立行政、立法、司法、考试、监察五院,其中立法院负责法律的制定。1929年,立法院设立民法起草委

---

① 何勤华、殷啸虎:《中华人民共和国民法史》,复旦大学出版社1999年版,第14页。
② [日]鹈饲信成、福岛正夫、川岛武宜、辻清明:《日本近代法发达史:资本主义和法的发展》第5卷,日本劲草书房1958年版,第4页。

员会,开始编纂民法典,1930 年完成编纂工作并予以公布,该民法典共 5 编 29 章 1225 条,这就是《中华民国民法》。《中华民国民法》不仅是中国历史 上第一部颁布实施的民法典,而且,它以西方先进国家民法典为楷模,着重 参考了德国民法与瑞士民法,同时也吸收了日本民法、法国民法以及苏俄民 法的经验。本书将《中华民国民法》视为中国民法近代化完成的标志。

日本"旧民法"被延期实施后,明治政府立即成立法典调查会,任命梅谦 次郎、富井政章、穗积陈重三位帝国大学的法科教授为起草委员,在"旧民 法"的基础上编纂新的民法典。这部于 1898 年 6 月审议通过并颁布的民法 典被称为"明治民法",它不仅是日本历史上第一部真正实施的民法典,而且 该法典历经多次修正,一直沿用至今。与作为中国民法近代化完成标志的 《中华民国民法》相对应,本书将明治民法视为日本民法近代化完成的标志。

3. 北洋政府时期《民律草案》

1926 年中华民国北洋政府修订法律馆所完成的《民律草案》是继《大清 民律草案》之后中国历史上第二部比较系统、完整的民法典草案,史称"民二 草"。虽然这部《民律草案》由于政治原因而未能通过,但一方面,它是我国 历史上共和政体建立后的第一部完整的近代民法典草案,而且民国司法部 曾通令各地法院将其作为条理适用,对当时的民事司法实践起到了一定的 指导作用;另一方面,这部民法典草案上承《大清民律草案》,下启《中华民国 民法》,在历史上起到了重要的过渡作用。

本书虽然选择以民法典为主要的研究对象,但是,在对中日两国民法近 代化和法典化的比较上,并不局限于法典条文,而是从立法背景、立法原则、 立法过程、立法特点等层次和角度进行比较,同时结合立法过程中发生的重 大事件如"礼法之争"和"法典论争"等,进行多方挖掘和考察,力求研究能够 更加深刻、准确和全面。

第一章
中日民法近代化的历史背景

19世纪下半期至20世纪初,当中日两国踏上法制近代化的道路时,其面临的历史背景既有许多相似之处,又存在诸多相异之点。

第一节　相　似　之　处

一、中日法制改革的根本缘由

中日两国进行法制改革的根本缘由极为相似,那就是当时两国经济、政治、社会的发展与传统法制间存在着尖锐的矛盾。

清末社会经济关系的巨变和资本主义生产关系的产生,是清末法制改革的根本原因。中国自16世纪中叶起,传统农业社会内部就已经出现资本主义生产关系的萌芽,这是中国社会开始向近代转变的标志。然而,顽固保守的清末统治者为了维护专制独裁制度,继续以严刑峻法推行政治、思想高压政策;严格保护地主阶级的财产所有权;严格维护传统等级制度和满人特权地位;在刑罚上使用种种残酷的刑种;在商业上采取重征商税,压制私人商业的发展,限制商品生产和流通,并实行严格的禁榷制度;清政府还以严厉的刑法对矿业严加管禁,限制民间自由开矿;在海外贸易方面亦采取顽固的闭关政策;清朝法律又以户籍制度、保甲制度将农民紧紧束缚在土地上,竭力维护剥削制度；此外，清末法律在体例上民刑不分、诸法合体，不能适应近代社会发展的需要等，这些都说明：已经发展到了中国皇权专制制度极致的清末法律制度严重阻挠和限制了资本主义生产关系萌芽的进一步发展。新出现的社会经济关系，必须要有新的法律规范加以调整，以取代过去简单、落后的传统法律体系和法律规范。

正如台湾学者黄源盛所总结的："在新的历史条件下，传统法制至少遭到三种政治力量的非议：一是列强嫌弃它不能全面保护其在中国殖民地的利益；二是代表'买办阶级'的洋务派，在与列强交涉时，深感中国法律无法提供其必要的依据；三是民族工商业者长期受到传统法律的抑压，而无法成长，企图脱身与西方资本家同享法律周全的保障。在此种情势下，扬弃传统法制，继受西方近代法律与法制，就具备了必要性和迫切性。"①

日本在明治维新以前，其法律制度深受中国传统法制的影响。在体例上，诸法合体、民刑不分；在内容上，以法律形式维护天皇为中心的中央集权制度，无论是在财产关系上，还是在婚姻家庭和继承关系上，都确立和推行不平等的等级制度，并且实行严酷的刑罚。这种状况成为明治政府发展资本主义经济、建立统一发达的资本主义国家的最大障碍。明治政府正是在这样一种背景下开始走上法制改革的道路。

二、中日法制改革的直接动因

中日两国进行法制改革有着相似的直接动因，那就是当时两国都有着废除不平等条约、收回治外法权的迫切需要。

中国自1842年鸦片战争失败之后，被迫同西方列强签订了一系列不平等条约，割地赔款，丧失关税主权。尤其是，西方列强借口清朝法律的野蛮落后，通过《虎门条约》及稍后的《中英五口通商章程》(1843年)，攫取了在

---

① 黄源盛：《中国传统法制与思想》，台湾五南图书出版有限公司1998年版，第286页。

华的领事裁判权。稍后订立的《中美天津条约》(1858 年 6 月 18 日)、《中法天津条约》(1858 年 6 月 27 日)亦有类似规定。"通过 40 年代和 60 年代的两次鸦片战争,英、美、俄、法等资本主义列强强迫清朝政府签订了片面最惠国的不平等条约 26 个"①;欧美各国纷纷援引所谓最惠国待遇条款,攫取领事裁判权。"终晚清之季,在中国享有此特权的国家,遍及欧、亚、美三洲,共计 18 国之多。"②

领事裁判权的建立,使清王朝丧失了对境内外国侨民的管理,严重地破坏了中国的法律主权,阻碍着民族经济的发展,对清政府的统治也造成了危害。因此,废除西方列强的治外法权成为各阶层民众一致要求的目标。

光绪二十八年(1902 年),清廷派吕海寰、盛宣怀与英国续订通商行船条约,其中第 12 款规定:"中国深欲整顿本国律例,以期与各西国律例改同一律,英国允愿尽力协助,以成此举。一俟查悉中国律例情形及其审断办法及一切相关事宜皆臻妥善,英国即允弃其治外法权。"③此后,清廷与美、日、葡等国续订的商约也都有类似规定。这种许诺也许包含有一定的欺骗成分,但这毕竟给了清末爱国志士们一个希望。正如修订法律大臣沈家本所言:"中国修订法律,首先收回治外法权,实变法自强之枢纽。"④由此,收回治外法权成为促成清末修律变法的直接动因。

日本所面临的情况与中国清政府大同小异。"日本从 1853 年被美国佩里舰队首先敲开大门,到 1868 年明治政府成立后的 15 年中,英、美、俄、法等列强迫使日本签订了不同种类的片面最惠国不平等条约 25 个。"⑤通过这些不平等条约,西方列强在日本取得了片面最惠国待遇,享有治外法权,

---

① 参见王铁崖:《中外旧约章汇编》(第一册),生活·读书·新知三联书店 1959 年版,目录第 1—2 页。
② 吴颂皋:《治外法权》,上海商务印书馆 1929 年版,第 183—188 页。此 18 国为英、法、美、挪威、俄、德、荷、丹麦、西班牙、比利时、意、奥、秘鲁、巴西、葡、日、墨西哥、瑞典等。
③ [清]朱寿朋:《光绪朝东华录》(五),张静庐等校点,中华书局 1958 年版,总第 4918 页。
④ 沈家本:《删除律例内重法折》,载《寄簃文存》,商务印书馆 2015 年版,第 2 页。
⑤ 伊文成、马家骏:《明治维新史》,辽宁教育出版社 1987 年版,第 685—698 页。

日本的关税不能自主,列强还享有在日本设立租界的特权等,日本面临着沦为半殖民地的危机。

明治政府上台后,迅速把修改不平等条约、收回治外法权列入重要议程。1872 年,岩仓代表团一行在旧金山向美国当局提出修约,而美国以"日本司法不够完善"为由予以拒绝。接着,日本与其他西方列强的谈判也连遭失败。日本的当权者逐渐认识到,要取消治外法权,废除不平等条约,首先本国必须具备比较完善、能为西方列强所认可的近代化法制体系。为了早日实现这个目的,各项法律法规的改革和建设便紧锣密鼓地拉开了序幕。可见,废除不平等条约、收回治外法权亦是促使日本进行法制改革的直接动因。

日本政治家大隈重信在其《开国五十年史》中总结说:"维新以后我国国民深切感受到法典编纂的必要性,其原因有二:一是在外部关系上,随着国民知识的增进,逐渐认识到不能再容忍出卖治外法权的辱国条约。当德川政府开国与欧美五国缔结条约时,正值国民对国际通行惯例知识相当缺乏,稀里糊涂就在条约上签了字。由此欧美诸国得以在日本保有治外法权,我国与中国、土耳其、波斯等国被同样对待。国民随着知识的增加,逐渐了解了事情的真相,于是修改条约、谋求与欧美列强对等地位已成为国民不可抑制的要求。然而要实现这个愿望,首先必须足可证明我国文明的发展。因此,法典编纂就成燃眉之急。二是在内部关系上,伴随着王政维新,封建制度被瓦解,从前各藩互不相同的习惯法不能继续被沿用,需要有全国统一的新法制。于是我们政治家借鉴世界发展的形势,要认识到成文法典的价值,并吸收法律思想发展的成果。"①

此外,日本学者清浦奎吾的《明治法制史》、星野通的《明治民法编纂史研究》、中村菊男的《明治法制史》等学术著作都认为,明治时期日本的法典

---

① [日]大隈重信:《开国五十年史》(下卷),日本东京开国五十年史发行所 1907 年版,第 1035 页。转引自[日]星野通:《明治民法编纂史研究》,日本信山社 1984 年版,第 5 页。

编纂,既有外部的原因,即不平等条约的改正;又有内部的原因,即法律的统一和完备的要求。①

综上可见,19世纪末20世纪初,中日两国在制定近代民法典时面临着诸多相同或相似的立法背景。中日两国的法制近代化既是一种政治的需要,又是两国本身社会经济发展的要求。

第二节　相　异　之　处

虽然中日两国法制近代化的背景有着许多相似之处,但两国的法制近代化却有着截然不同的结果,这必然要从中日两国当时的政治、经济、文化、思想意识等诸多因素中探寻差异和原因。

一、中日经济发展的程度明显不同

就经济而言,19世纪末20世纪初半殖民地半封建社会的中国形成的是微弱的资本主义经济和严重的半封建经济同时存在的格局。清王朝统治下的经济模式主要仍以自给自足的小农经济为主。据统计,中国工农业在国民经济中的比重,就全国范围来说,1920年近代工业产值占4.9%,农业和手工业产值占95.1%。②可见,直到20世纪20年代,农业和手工业在国民经济中举足轻重,占据九成以上的比例,而工业产值却微乎其微。可以想象得到,比这早10多年的清朝末年,工农业产值之差异会更加悬殊。这表明在近代中国,封建的生产关系依然占据绝对优势,资本主义生产关系非常微弱。

---

① [日]鹈饲信成等:《日本近代法发达史:资本主义和法的发展》(第5卷),日本劲草书房1958年版,第4—5页。
② 吴承朋:《中国资本主义的发展述略》,载《中华学术论文集》,中华书局1981年版,第342页。

日本明治维新之时,"无论怎样的说来,当时日本大部分的产业还是农业的,劝农自旧幕以来依然成为产业政策的根基"①。然而,明治政府的经济政策逐渐为资本主义工业化创造了必要的条件。19 世纪 90 年代初,日本基本上完成了"第一次产业革命"。1884 年,日本农、商、工、矿、水陆运输和水产业的公司为 1 298 家,缴纳资本 2 216 万日元,而 1894 年则达到 32 300 万日元(1894 年中日"甲午战争"之后进一步扩大到 62 000 万日元)。②地税在国家财政收中所占的比重从 1882 年的 56.95% 下降为 1892 年的 37.38% 了。可见,日本在 1886 年以后,近代工业出现了勃兴局面,并于明治 20 年代末 30 年代初确立了近代工业生产的统治地位。③所以说,日本在民法近代化的同时,从封建农业国步入了初步的资本主义工业国行列。

中日两国经济发展程度的差异正如学者陈鹏生、何勤华所言:"在日本,17—18 世纪,其商品经济发展要比中国更普遍一些。……明治维新后,日本政府对这种关系和社会力量又大力予以发展,因而在明治 20 年后开展大规模法律改革时,其商品经济已远远超过中国。经济基础的差距,决定了中日两国近代社会思想、观念的不同变迁和发展,这也必然在两国法律文化近代化进程中反映出来。"④

二、中日统治集团法制改革的目的迥然不同

晚清慈禧集团,是中国近代最反动、最腐朽、最保守的政治集团。1900年以前,他们以"祖宗之法不可变"为借口,对外割地赔款,卖国求荣;对内则宁可亡国,绝不变法。敌视任何社会进步,顽固维护皇权专制主义的政治法律制度,不惜把中华民族推向灭亡的深渊。

---

① [日]高桥龟吉:《日本资本主义发达史》,刘家鳌译,上海大东书局 1932 年版,第 268 页。
② [日]渡边几治郎:《明治史研究》,乐浪书院 1934 年版,第 318、327 页,转引自米庆余:《明治维新:日本资本主义的起步与形成》,求实出版社 1988 年版,第 124 页。
③ [日]家永三郎等:《岩波讲座·日本历史》(第 16 卷近世 3),日本岩波书店 1963 年版,第 51 页。
④ 陈鹏生、何勤华:《中日法律文化近代化之若干比较》,《中国法学》1992 年第 2 期。

　　1900 年的义和团运动以及继之的八国联军入侵，是中国近代社会的转折点。在内外交困的情况下，以慈禧集团为代表的清政府不得不作出改良政治的决定。就清政府而言，法制变革并不是顺应历史潮流、追求进步的自觉行为，而是腐朽落后的专制统治者为苟延残喘、迫于帝国主义的军事压力和资产阶级革命形势的蓬勃发展所做的自救行为。正如清末预备立宪的目的是"一曰皇位永固，一曰外患渐轻，一曰内乱可弭"①一样，清末统治者不过是希望通过法制变革以挽救濒于灭亡的专制王朝而已。"改革的目的毋宁说是为了保卫清政府不受汉人与外国人两者的攻击。换言之，改革是为了保住清王朝。"所以，它"只需要保持改革的门面，而对实际内容则毫不关心"②。

　　与之形成鲜明对照的是，明治维新之初，日本天皇即于 1868 年 3 月和 4 月分别发布《五条誓文》和《维新政体书》，为社会经济和政治法律制度的最初改革确立了基本原则。五条誓文的内容包括：一是广兴会议，万机决于公论；二是上下一心，大展经纶；三是公卿与武家同心，以至于庶民，须使各遂其志，人心不倦；四是破旧来之陋习，立基于天地之公道；五是求知识于世界，大振皇基。这五条誓文是明治政府对旧体制进行改革、促使日本走上资本主义道路的政治纲领。随之而来的，是一场以"殖产兴业""文明开化""富国强兵"为三大口号，以政治、法律、经济、军事等为基本内容的自上而下的全面改革。可以说，日本的改革一开始便把目标定在国家的现代化上，政府上下孜孜以求的是与西方列强的共同发展。正像"脱亚入欧"论的代表人物、1879 年就任日本外相的井上馨所提出的："把我国化为欧式的帝国吧！把我国人民化为欧式人民吧！"③日本明治政府的领导人，不仅要解除西方列强所加的耻辱，而且要大力发展资本主义，建立独立和强大的资产阶级民主国

---

① 载泽：《奏请宣布立宪密折》，见中国史学会：《辛亥革命》（第 4 册），上海人民出版社、上海书店出版社 2000 年版，第 28—29 页。
② 费正清：《剑桥中国晚清史》（下卷），中国社会科学出版社 1985 年版，第 474 页。
③ ［日］近代日本思想史研究会：《近代日本思想史》（第 2 卷），商务印书馆 1991 年版，第 5 页。

家,与西方列强平起平坐。明治政府这种推行改革的主动性和对改革结果的热切期盼态度,远非落后、保守的以慈禧集团为代表的清末统治者所可比拟。

三、中日朝野思想意识和法律观念不尽相同

在19世纪70年代末到80年代初,日本曾掀起了一场波及全国上下的"自由民权运动",运动中提出的推进民主改革、实行民主宪政的要求很快获得了全国各阶层民众的热烈响应。通过这场近代政治思想和法律观念的普及运动,"不仅旧的习俗被当作落后于时代的东西而遭到排斥,还大量地吸收了西方的近代思想和学术。自由主义和个人主义等取代了过去的儒教和神道而流行起来,天赋人权的思想也受到提倡"①。而这样的运动尤为近代中国所欠缺。环顾19世纪末的中国,数千年的皇权专制统治制度仍在苟延残喘,儒学在人们思想中依然占据统治地位,宗法等级制度顽固不化,家族本位、义务本位观念牢不可破,个人权利长期被漠视、被践踏,奴化思想深入人心。在这样的情况下,作为西方资本主义自由经济下形成的文明成果、处处体现着权利意识和平等自由观念的近代民法,又怎能在中国社会里找到扎根的土壤?

日本奉行的是全面革新的策略,在"脱亚入欧"的口号下,采取了全盘吸收西方法律制度的姿态。这就使西方的法律观念得以广泛传扬,现代法治主义的精神逐渐深入人心,为近代法制的建立奠定了比较坚实的思想基础。反观中国,一贯采取的是缓慢而温和的改良措施,总企图在不根本触及皇权专制政治的前提下,借用西方法律外壳包裹传统法律"僵尸"。对中国古代传统的妄自尊大和西方法治主义的茫然无知,使朝野上下习惯于满足法律上的皮毛变革,并借以自欺欺人。"良以三纲五常,阐自唐虞,圣帝明王,兢兢保守,实为数千年相传之国粹,立国之大本。……凡我旧律义关伦常诸

---

① 〔日〕依田憙家:《简明日本通史》,北京大学出版社1989年版,第213页。

条,不可率行变革,庶以维天理民彝于不敝"①,均是这种思想的突出表现。对自身传统的态度,正是中日两国最重要的思想分野,这种分野决定着中日两国法制近代化的进程和归宿。

正是由于思想意识和法律观念的这种区别,在清末政坛,颠顶愚昧者盈朝、固步自封者遍野,即便能分出新旧两派,也不过是顽固派和洋务派的区分而已,真正洞明时事、力主变法图强者,除沈家本、伍廷芳寥寥数人外,可谓别无他人。而沈家本又为其身份、地位、认知能力所限,能够施展抱负的空间极其狭小。《大清新刑律》被迫加入"暂行章程"五条,就直观地说明了这一点。而日本明治维新时,中央政府既有三条实美、岩仓具视等开明贵族,又有大久保利通、木户孝允、伊藤博文、大隈重信等一大批积极推动改革的藩士,具有近代思想的官员占明治政府全部官员的三分之二,构成政府的核心力量,这是推行根本性变革的组织和人才保障。

四、中日司法人才的培养和准备有所不同

相比于日本,中国对外派遣留学生起步较晚,而且专业种类比较狭窄。中国士大夫素来有强烈的追求功名的风气,在"学而优则仕"的传统科举制度下,读书人感兴趣的是通过科举考试、博取功名的"知识",法律或法学向来只是作为"佐治之道"或"幕学"掌握在那些专门为各级行政司法官员充当参谋的刑名幕友手中而为读书人所瞧不起。因此,早期留学生的专业基本局限于应用技术方面,研究社会科学的留学生直至清末变法之后才逐渐有所增加。

有趣的是,清廷于1905年废除科举制,同年修律大臣伍廷芳奏请在京师设立法律学堂,紧接着学务大臣孙家鼐议复伍廷芳的奏折,通令各省建立法政学堂。此时,大量旧士子视新办的法政学校为传统的读书做官的捷径,而趋之若鹜,各法政学校学生的数量大为膨胀,竟然占到全国学生数的一半

---

① 故宫博物院明清档案部:《清末筹备立宪档案史料》(下册),中华书局1979年版,第858页。

以上。据统计,1909 年,全国官立高等学校学生总数 22 426 人,法科就达 12 282 人。①迅速膨胀的法政教育带来的负面效果是显而易见的:原本极其有限的法律人才都被应用到法政教育的方面,对法律进行深入研究的人才更加缺乏,而法学教育也只能在低水平上重复。

此外,民法知识的传播在清末也很欠缺。尽管同文馆早在 1880 年就将中译本《拿破仑法典》刊刻成书,其后又译出包括民法在内的《法国律例》共 46 册,但由于未能解决好翻译法律用语的统一问题,其译文艰深难懂,又缺乏国人理解,竟至束之高阁。②所以清末法制改革时,不要说精通民法,就连对民法知识略懂皮毛的人都可以说是凤毛麟角。

司法人才的培养是建立新型法律体系的重要因素。清末在司法人才准备上的不足给法制改革造成了先天的不可弥补的缺憾。

日本在制定和通过民法典时,法学已成为一门显学。政府为了吸引人才,甚至规定帝国大学法学院的毕业生可免试进政府机关做官,于是出现了"法科万能"时代。日本派遣出国学习法律的学生遍布法、德、美、英等国,这批学生后来陆续回国,对日本法制的近代化起了重要的推动作用。日本国内,1872 年在司法省设置明法寮(后称司法部法学校),开始讲授法国法;1874 年东京的开成学校(东京大学前身)开始教授英国法;1887 年法科大学设德国法科。这样,在民法典的起草和公布时期,已有一定的人才的培养和积聚,并已形成不同的学术流派。留学归来的学生和国内培养的法学人才成为日本法制改革中丰富的人才储备,他们在明治民法制定时成为法学界的主力,对于引进、消化和传播欧洲法律文化具有重要意义。

综上,中日两国法制近代化所面临的历史背景可谓小同大异、形同实异,由此决定了中日两国法制近代化发展进程中迥然不同的轨迹和归宿。

---

① 刘秀生、杨雨表:《中国清代教育史》,人民出版社 1994 年版,第 128 页。
② 李贵连:《中国法律近代化简论》,载李贵连:《近代中国法制与法学》,北京大学出版社 2002 年版,第 12 页。

第二章
中日民法近代化的开端
——《大清民律草案》与日本"旧民法"的比较

  《大清民律草案》和日本"旧民法"分别是中国和日本民法近代化的开端,本章主要从立法原则、立法过程、编制结构、法典内容和特点、影响和评价等几个方面对两部法典进行比较研究。

第一节 立法原则的比较

一、政府的立法原则

  帝制时代的中国,皇帝集立法、行政、司法诸权力于一身,其发布的谕旨具有最高的法律效力,因此,清末统治者关于法制改革和立法方面的谕旨无疑对《大清民律草案》的制定起着重要的指导意义。

  1901年1月,慈禧太后在逃至西安后以光绪名义发布变法诏书,承认清政府"习气太深",表示要学"西学之本源","取外国之长,乃可补中国之短",声称"法令不更,锢习不破;欲求振作,当议更张","世有万古不易之常经,无一成不变之治法"。而所谓"万古不易之常经",即为"三纲五常"。"不易者三纲五常,昭然如日星之照世;而可变者令甲令乙,不妨如琴瑟之改弦。"①

---

① ［清］朱寿朋:《光绪朝东华录》(四),张静庐等校点,中华书局1958年版,总第4635页。

这道谕旨表明了两个问题:一是变法决定乃是清廷迫于形势的被动之举;二是清廷从一开始就顽固坚持"三纲五常"不得更改的立场,将其视为维护自己封建统治的奠基石。

法律改革被正式列入议事日程见于1902年4月清廷谕旨:"现在通商交涉,事益繁多,著派沈家本、伍廷芳,将一切现行律例,按照交涉情形,参酌各国法律,悉心考订,妥为拟议,务期中外通行,有裨治理,俟修定呈览,候旨颁行。"①从中可见,修订法律在很大程度上是为了适应帝国主义的要求,以期取得他们的支持。

1907年9月2日,清廷在任命沈家本为修订法律大臣的上谕中,要求沈家本等"参考各国成法,体察中国礼教民情,会通参酌,妥善修订"②。在这期间,因为《刑事民事诉讼法(草案)》出台所导致的新旧思想论争已引起了朝廷对修律指导原则的注意,所以,清廷于1908年令沈家本等按照学部全面批驳《新刑律草案》的奏折对新刑律进行修改删订,并于1909年正月在谕旨中严正指出:"良以三纲五常,阐自唐虞,圣帝明王,兢兢保守,实为数千年相传之国粹,立国之大本。今寰海大通,国际每多交涉,固不宜墨守故常,致失通变宜民之意;但只可采彼所长,益我所短,凡我旧律义关伦常诸条,不可率行变革,庶以维天理民彝于不敝"③,这十分清楚地暴露出清廷一贯坚持的顽固思想。

清廷为摆脱外敌当前的危险,就必须在一定程度上满足西方列强的要求,忍辱求安;然而,为了苟延残喘、维护自己的皇权专制统治,清廷又必然要固守"三纲五常"等传统观念。因此,顽固守旧和适应外国侵略者的需要,正是清廷修订法律的两项指导原则,这两项原则既相互矛盾,又相辅相成。

---

① 《大清光绪实录》卷498。
② 《大清光绪实录》卷570。
③ 《修改新刑律不可变革义关伦常各条谕》,载故宫博物院明清档案部:《清末筹备立宪档案史料》(下册),中华书局1979年版,第858页。

同样是面临西方列强的侵略压力,同样是面对东西方文化的矛盾和冲突,明治政府的态度与清政府的态度形成强烈的对比。明治政府上台伊始,便迅速发布《五条誓文》:一是广兴会议,万机决于公论;二是上下一心,大展经纶;三是公卿与武家同心,以至于庶民,须使各遂其志,人心不倦;四是破旧来之陋习,立基于天地之公道;五是求知识于世界,大振皇基。此《五条誓文》既是明治政府对封建旧体制进行改革、使日本走上资本主义道路的政治纲领,也是明治政府进行法制改革总的指导原则。明治政府的领导人,就是要以西方近代法制为楷模,建立并完善资本主义法律体系,为废除不平等条约、收回治外法权创造条件,并以之为保障,大力发展资本主义,建立强大的资本主义国家,与西方列强平起平坐。

二、直接负责民法典编纂的政府官员的立法原则

作为修律大臣,沈家本①基本上自始至终参与并负责晚清的立法活动,对晚清立法影响之深,作用之大,举国莫有能过之者。

沈家本主持修订法律的指导思想是:"折衷各国大同之良规,兼采近世最新之学说,而仍不戾乎我国历世相沿之礼教民情"②,这段话言简意赅,集中体现了他融会中西、贯通古今的立法思想。

出任修订法律大臣之前,沈家本曾在刑部任职三十余年,早就"以律鸣于时"③。他曾指出:"当此法治时代,若但征之今而不考之古,但推崇西法而不探讨中法,则法学不全,又安能会而通之,以推行于世?"④可见其对中国法律传统的推崇。但他并不因自己精通旧律就鄙薄西方法律。相反,他

---

① 沈家本(1840—1913 年),字子惇,别号寄簃,浙江归安人。历任刑部侍中,秋审处提调,天津、保定知府,山西按察使,刑部左侍郎,大理寺正卿,法部右侍郎,修订法律大臣,资政院副总裁,法部大臣等职。著述主要有《沈寄簃先生遗书》《寄簃文存》《历代刑法考》等。
② 《修订法律大臣沈家本等奏进呈刑律分别草案折》,载《大清光绪新法令》(第 20 册)。
③ 王式通:《呈兴沈公子惇墓志铭》。
④ 沈家本:《薛大司寇辞稿序》,载《寄簃文存》,商务印书馆 2015 年版,第 193 页。

以极大的热情和毅力,孜孜不倦地学习、研究西方法律。他说:"有志之士当计究治道之原,旁考各国制度,观其会通,庶几采撷精华,稍有补于当世。"①针对修律,他认为:"我法之不善者当去之,当去而不去,是之为悖;彼法之善者当取之,当取而不取,是之为愚。"②沈家本抱着变法图强的美好愿望,积极投身于修律之中。因此有人说:"清王朝封建统治者命令沈家本等'参酌各国法律',其出发点是虚伪的,但沈家本'折衷各国大同之良规,兼采近世最新之学说'则是实在的;前者是演假戏,后者是唱真本。"③

但平心而言,沈家本出身于豪门,自幼便接受传统文化的熏陶,不会也不可能完全摆脱时代对他的束缚,这正是任何人都难以摆脱的历史局限。因此新律"仍不戾乎我国历世相沿之礼教民情"一语,也并非他应付清王朝的虚假之词,而是他真实思想的反映。

既要迎合西方列强的要求,又要保存"数千年相传之国粹",这不能不说是清末当权者给立法者出的一道难题。所以,沈家本等法制改革者虽小心翼翼,如履薄冰,仍举步维艰,在中西法律文化的夹缝之间难免到处碰壁。

日本民法典的编纂,从1871年的《民法决议七十九条》到1890年的"旧民法",时间虽然只有不到20年,制定出来的草案却有数部之多,负责主持民法典编纂的官员也一变再变,从最初的江藤新平④,到后来的大木乔任⑤,再到后来的井上馨⑥和山田显义⑦等,立法指导原则都各有不同。

---

① 沈家本:《政法类典序》,载《寄簃文存》,商务印书馆2015年版,第211页。
② 沈家本:《裁判访问录序》,载《寄簃文存》,商务印书馆2015年版,第206页。
③ 李贵连:《沈家本与中国法律现代化》,光明日报出版社1989年版,第91页。
④ 江藤新平(えとうしんぺい,1834—1874年),日本明治初期政治活动家,历任文部大辅、左院副议长、司法卿等职,对日本司法制度的近代化做出很大贡献。
⑤ 大木乔任(おおきたかとう,1832—1899年),日本政治家,历任明治政府文部卿、司法卿、元老院议长、枢密院顾问官、司法大臣、文部大臣、枢密院议长等职。
⑥ 井上馨(いのうえかおる,1835—1915年),日本政治家,明治维新前参加讨幕运动,维新后作为政府的中心人物历任要职,任外相时试图改正不平等条约未果。
⑦ 山田显义(やまだあきよし,1844—1892年),日本军人、政治家。历任司法卿、司法相,对日本法典编纂做出贡献,并创设日本法律学校(日本大学的前身)。

日本民法典编纂始于 1870 年。时任文部大辅的江藤新平认为：为了与西方列强相对抗，"兵"（军备的充实）和"法"比任何一切东西都重要①，建立完备的近代法制乃当务之急。他在指令箕作麟祥②翻译法国民法典时，甚至要求"尽速译之，误译无妨"③，这句话成为当时广为流传的一句名言，相当典型地代表了明治政府引进西方法律的迫切心情，体现了由修正不平等条约的立法动机所导致的对立法速度的片面追求。江藤新平还说，将法典中"法兰西的地方直接改为帝国或日本的方法也是可以的"④。足见，江藤新平所主持的民法典编纂基本上是全面沿袭法国民法典，一味追求立法速度而不管与日本本国国情是否适合。因此，这一时期日本民事立法的指导原则可以总结为"脱中入西，唯速是求"。

1873 年 4 月 19 日，江藤新平离开司法省。同年 10 月 25 日，大木乔任被任命为司法卿，接替江藤新平继续进行民法典编纂事业。与江藤新平急进式的照抄法国法典的做法不同，大木乔任以慎重、深虑的态度对待民法典编纂事业，认为编纂民法典应"吸取我国古来的善风良俗并斟酌法国民法而编集之"⑤，主张充分考虑日本固有的制度、惯习和淳风美俗，正如岩仓具视⑥所言："采撷各国之长，同时不失我国国体之美"⑦。正是在此原则指引下，负责编纂民法典的左院对日本《大宝令》《贞永式目》等封建律令和封建

----

① 此为江藤新平很早就形成的观点，他在《司法卿辞表》《政府将来的目的》和《兴国策及官制案》中均有明确表达。见《南白江藤新平遗稿·后集》。

② 箕作麟祥（みつくりりんしょう，1846—1897 年），日本明治时期的翻译家和法学家，曾任日本法典调查会主查委员、行政裁判所长官等职，参与编纂日本的民法、商法，并翻译出版《法兰西法律书》等许多西方法律著作。

③ 原文为"誤訳も亦妨げず、唯速訳せよ"，见穗积陈重：《法窗夜话》，岩波书店 1936 年版，第 208—209 页。

④ ［日］矶部四郎：《关于民法编纂由来的记忆谈》，日本《法学协会杂志》(1913)第 31 卷第 8 号。

⑤ ［日］宫岛诚一郎：《国宪编纂起源》，见《明治文化全集·宪政篇》，日本评论社 1967 年版，第 353 页。

⑥ 岩仓具视（いわくらともみ，1825—1883 年），日本政治家，明治维新的重要领导人物。

⑦ 诸参议连署《关于立宪政体的奏议》（明治 14 年 10 月 11 日），见［日］宫越信一郎等：《日本宪政基础史料》，日本议会政治社 1939 年版，第 340 页。

社会以前的法令以及前代、近代日本所固有的风俗习惯给予了一定的重视和考虑，同时还进行了认真而细致的民间习惯调查。不过，也有学者认为，虽然大木乔任以"考虑我国习惯"为法典编纂方针，但制定出来的草案却仍然不过是法国民法的翻译。①但无论如何，大木乔任提出的"重视本国善良风俗"的立法原则显然与江藤新平一味追求立法速度的宗旨存在差异。

为加快法制改革的脚步，明治政府于1886年8月6日在外务省设置法律调查委员会，委员长由外务卿井上馨亲自担任，试图将修改不平等条约与制定统一民法典等任务合二为一，一气呵成。1887年4月，外务卿井上馨向内阁提议中止元老院对民法草案的审议，得到内阁同意。由此，设在外务省的法律调查委员会正式开始进行包括民法典在内的诸法典的调查起草。这一时期的立法指导思想明显带有为收回治外法权、废除不平等条约而急于求成的意味。井上馨在"条约改正案"中甚至提出，采用外国人作为法官，法典用语可使用外国语，将本国法典翻译成外语等，结果遭到强烈反对②。

1887年10月，井上馨被免去外务卿职务，法律调查委员会随之被再次归入司法省，调查委员会的委员长由当时的司法大臣山田显义接任，继续进行诸法典的编纂事务。山田显义虽然是由于井上馨的免职而接手民法典编纂事务的，但他的立法指导思想却与井上馨一脉相承，为收回治外法权而力促民法典早日完成。这至少可从两件事情上看得出来：其一是山田显义于1888年向内阁呈交的文书中曾写道："关于法典编纂之事，确信正如去年11月内阁会议的决定那样，从外交以及内政方面来讲，实施的必要性一如既往。因此于法典编纂事业孜孜从事，本年年末民法、商法、诉讼法等将相继完成，将陆续向内阁提出……"③将外交视为制定民法典的首要目的；其二是在对民法典草案的审议方面，山田显义为促使草案早日通过审议，强烈反对元老院逐条审议的方法,极力主张采取以各编为单位一揽子审议的做法,其意见最终被元老院采用。

三、《大清民律草案》和日本"旧民法"具体编纂的原则

《大清民律草案》的具体立法原则集中体现于修律大臣俞廉三、刘若曾在1911年的《奏编辑民律前三编草案告成缮册呈览折》中:

一、注重世界最普通之法则。瀛海交通于今为盛,凡都邑、巨埠,无一非商战之场,而华侨之流寓南洋者,生齿日益繁庶,按国际私法,向据其人之本国法办理。如一遇相互之诉讼,彼执大同之成规,我守拘墟之旧习,利害相去,不可以道里计。是编为拯斯弊,凡能力之差异,买卖之规定,以及利率时效等项,悉采用普通之制,以均彼我而保公平。

二、原本后出最精之法理。学说之精进,由于学说者半,由于经验者半,推之法律亦何莫不然,以故各国法律愈后出者,最为世人注目,义取规随,自殊剽袭,良以学问乃世界所公,并非一国所独也。是编关于法人及土地债务诸规定,采用各国新制,既原于精确之法理,自无凿枘之虞。

三、求取最适于中国民情之法则。立宪国政治几无不同,而民情风俗,一则由于种族之观念,一则由于宗教之支流,则不能强令一致,在泰西大陆尚如此区分,矧其为欧、亚礼教之殊,人事法缘于民情风俗而生,自不能强行规抚,致贻削趾就屦之诮。是编凡亲属、婚姻、继承等事,除与立宪相背酌量变通外,或取诸现行法制,或本诸经义,或参诸道德,务期整饬风纪,以维持数千年民彝于不敝。

四、期于改进上最有利益之法则。文子有言:君者盘也,民者水也,盘圆水圆,盘方水方。是知匡时救弊,贵在转移,拘古牵文,无裨治理,中国法制历史,大抵稗贩陈编,创例盖寡,即以私法而论,验之社交非无事例,征之条教反失定衡,改进无从,遑谋统一。是编有鉴于斯,特

设债权、物权详细之区别,庶几循序渐进,冀收一道同风之益。①

这四项宗旨中,"注重世界最普通之法则""原本后出最精之法理"恰是沈家本所说"折衷各国大同之良规,兼采近世最新之学说"的翻版;而"求最适于中国民情之法则"与"仍不戾乎我国历世相沿之礼教民情"实无二致。至于第四项"期于改进上最有利之法则",则是前三项适用上的总结,表明该法典的立法目的和它在完成中西法律结合上的开创性。暂且不论最终的立法是好是坏,这四项基本原则的表述可谓严密全面,滴水不漏。

日本"旧民法"的立法原则与其编纂者博瓦索纳德②的立法思想密切相关。

博瓦索纳德作为"旧民法"草案的直接起草人,在负责编纂民法典的法律调查委员会中具有绝对的权威。例如,博瓦索纳德民法典草案的特征之一便是将租赁权归入物权。对此,法律调查委员会的多数委员当时都持反对意见,认为租赁权应归入债权,并已形成决议,但由于博瓦索纳德顽固坚持自己的主张,法律调查委员会最后只能依从于他。③可见,博瓦索纳德在法律调查委员会中的地位举足轻重,其立法思想对"旧民法"的影响也无疑是巨大的。

博瓦索纳德成长于诞生了近代西方民法典的先驱——法国民法典的法国,法国民法典所体现的自由平等思想在他心中根深蒂固。因此,博瓦索纳德的立法指导思想便是以自由主义为指导思想,绝对尊重个人人格,全面贯彻所有权绝对、个人意思自治、自己责任三大原则,以法国民法典为蓝本,在日本制定出一部具有近代精神的民法典。博瓦索纳德的立法思想不仅在"旧民法"财产法部分充分体现出来,而且深刻影响着人身法部分的内容,虽

---

① 《大清民律(草案)·奏折》,宣统三年法律修订馆印。
② 博瓦索纳德(Gustave Emile Boissonade de Fontarabie,日译ボアソナード,1825—1910年),法国法学家,巴黎大学教授,1873年受聘为日本政府法制改革的顾问,参与民法、刑法等法典的起草,1895年归国。
③ [日]广中俊雄、星野英一:《民法典的百年》(一),日本有斐阁1998年版,第9页。

然他未直接参与这部分法条的起草。例如,他强烈反对日本传统法中的单一继承制度,正是在他的影响下,1888 年 7 月完成的"旧民法"第一草案基本摒弃了日本传统的亲属制度,不承认户主的特权,长子的继承份额也是稍优越于其他子女。尽管第一草案在后来被大加删改,但博瓦索纳德主张个人人格独立的思想显而易见。

博瓦索纳德法律思想的核心便是自然法思想。①然而,彼时的自然法思想与古典自然法思想已有很大差异。古希腊和罗马时期的思想家和法学家认为,有一种凌驾于实在法之上的自然法,是产生于自然界的规范的总和。17—18 世纪欧洲资产阶级革命时期,出现了以格劳修斯、霍布斯、洛克、孟德斯鸠等为代表的资产阶级思想家,认为自然法是人类理性的体现,是应人类的自然要求而永恒存在的;实定法则因时代、国家的不同而不同,它必然以符合自然法为其存在的理由。博瓦索纳德继承和发展了自然法思想,每每论及自然法之时,特别强调实定法的普遍性,为日本移植以法国民法为中心的西方法律寻求正当性依据。②

"旧民法"编纂过程中,负责立法的官员及法典条文的直接起草人在立法指导思想方面存在较大差异,这既造成了"旧民法"内容本身在许多方面的矛盾,又为后来"法典论争"的爆发埋下了伏笔。

四、对两国立法原则比较的反思

《大清民律草案》编纂之时,清廷一再强调"三纲五常"是万代不能改变的立国之本。修律大臣沈家本、俞廉三等亦将"求取最适于中国民情之法则"作为一项重要的立法原则,《奏编辑民律前三编草案告成缮册呈览折》中明言:"凡亲属、婚姻、继承等事,除与立宪相背酌量变通外,或取诸现行法制,或本诸经义,或参诸道德,务期整饬风纪,以维持数千年民彝于不敝。"然

---

① ［日］水本浩、平井一雄:《日本民法学史・通史》,日本信山社 1997 年版,第 61 页。
② ［日］池田真朗:《自然法学者博瓦索纳德》,日本《法律时报》(1998 年)第 70 卷第 9 号。

其所谓"民情",不过是儒学"三纲五常"的翻版。大致从汉武帝"罢黜百家、独尊儒术"以来,儒学一直在我国漫长的皇权专制社会中占据统治地位。清末修律之时,儒学作为国教,依然在人们的思想观念中根深蒂固,不可动摇。

与清王朝形成鲜明对照的是,原本深受中国儒家思想影响的日本在近世经历了一场对中华儒学的深刻反思。1840 年鸦片战争之后,中国一步步沦入半殖民地社会的深渊。这种情形在一向以中国为楷模的日本引起了强烈的震惊,它促使日本朝野上下对古老的中华文明的态度发生了彻底扭转。如日本著名教育家、思想家福泽谕吉(1834—1901 年)在其《文明论概略》中,认为日本落后于西方先进资本主义国家,"全在汉学教育之罪",作为中华文明代表的儒学自然而然首当其冲地成为众矢之的。1872 年明治政府在颁布的《公布学制之布告》中批评儒学:"骛于词章记诵之末节,陷于空理虚谈之歧途,其论虽似高尚,但能身体力行者甚少。"[1]

与中国的衰退和没落形成鲜明对比的是西方列强在政治、军事上的不可一世和经济上的繁荣强大。在 19 世纪下半期,西学即欧洲近代科学在日本得到广泛传播。一些受过西方文明熏陶的知识分子,如福泽谕吉、西周、津田真道、西村茂树、森有礼等人,组成"明六社",展开思想启蒙活动。他们引进法国思想家孔德的实证主义,提倡"实学",批判儒学是"虚学";引进英国功利主义哲学家穆勒的思想,提倡功利主义和快乐说,批判儒学宣扬"克己"的禁欲主义;引进法国启蒙思想家卢梭的"天赋人权"说和"社会契约"论,提倡人格"独立自尊",反对儒学以封建纲常为表现的等级观念和服从道德;引进德国的君主立宪主义,批判儒学维护的君主专制。可以说,日本近代的思想解放运动是在批判儒学、学习西学的过程中进行的。

因此,日本"旧民法"在编纂过程中,其立法原则虽有"全面模仿、唯速是求"与"重视本国固有善风良俗"的分歧,但后者是重视本国善良风俗,并不

---

[1]　世界历史编辑部:《明治维新再探讨》附"史料集",中国社会科学出版社 1981 年版,第 181 页。

等同于死守"三纲五常"之类的儒学,而主要侧重于本国的民事传统与民事习惯。而且,这种立法主张对明治政府锐意学习和引进西方法制、建立一整套资本主义法制体系的行动不构成障碍。但在清末修律中,"三纲五常"原则却十足成了法制改革的绊脚石,它令清末立法者们望而生畏,不敢越雷池半步。

此外,纵观日本"旧民法"的立法原则,自始至终突出反映了明治政府及立法者积极学习和引进西方先进的法律制度以促进本国步入资本主义强国的孜孜以求;而反观《大清民律草案》,虽然提出"参考各国成法""折衷各国大同之良规,兼采近世最新之学说"等立法原则,但这项原则,对反动、腐败的清政府而言,只不过是为苟延残喘、维护统治的一面幌子,效仿西方法律制度实在是一种无奈之举;对沈家本、俞廉三等修律者而言,他们自幼便深受封建儒学的熏陶,本身又是清政府的官僚,即便怀有向西方国家学习的真心实意,但在他们的心目中,儒学是第一位的,西学是第二位的。尤其是当西方法律与中国传统儒学发生冲突时,他们不愿也不敢对儒学传统视而不见。

中日两国政府和立法者对儒学和西学的不同态度,与中日两国固有的文化特征密切相关。中国是世界文明的发源地之一,曾经有着高度发达的文化,然而,这种光荣的历史,在漫长而封闭的古代专制社会,却逐渐形成了"中国是世界文明的中心"这一自我中心观念,上至官僚大夫,下到普通百姓,存有浓厚的华夷思想。与中国的原生性文化不同,日本的文化是继发性的。日本没有像中国那样的轴心文明时代,不是文化圈的发源地,本身缺乏文化自创性,因而历来靠引入外来文化来丰富和发展自己。日本的儒学即是从中国继承过来的。这种继发性使得日本在文化上自古就有一种学习和接受他国文化的取向。如果说中国人有着强烈的唯我独尊的大民族观念,那么日本人在这方面则是相对缺乏的。其结果,必然是在对待外来文化上,中国往往呈现出抗拒多于融合的特征,而日本则表现出融合胜于抗拒的文化取向。既然日本在古代吸取中国文化时没有多大困难,那么在法制近代化过程中转向吸取西方法律文化方面也就显得远比中国轻松自如。

第二节　立法过程的比较

一、民律立法的提出

中华法系的一大特点是诸法合体、民刑不分,清末变法以前,只有零碎的民事法律规范或者民事习惯,独立的民法典在中国从未有过。

晚清第一次提出仿照资本主义法律制定民法的是康有为。1898年他就在《应诏统筹全局折》中提出:"今宜采罗马及英、美、德、法、日本之律,重定施行,不能骤行内地,亦当先行于通商各口。其民法、民律、商法、市则、舶则、讼律、军律、国际公法,西人皆极详明,……故宜有专司,采定各律,以定率从。"①尽管康有为对民法、民律的概念并不十分清楚,但他把制订民法、民律作为维新变法的一项重要内容,这种重视程度在当时已是难能可贵。

清末开始法律改革时,注意力几乎完全集中于对刑法的修改上。1902年的上谕说得很清楚:"著派沈家本、伍廷芳,将一切现行律例,按照交涉情形,参酌各国法律,悉心考订,妥为拟议,务期中外通行,有裨治理。"②按照这个上谕,修订法律馆的主要工作只是修订原有的刑法典《大清律例》。

直到1907年6月,民政部上奏请求"速定民法"称:"查东西各国法律,有公法、私法之分。公法者,定国家与人民之关系,即刑法之类是也;私法者,定人民与人民之关系,即民法之类是也。二者相因,不可偏废。而刑法所以纠匪僻于已然之后;民法所以防争伪于未然之先,治忽所关,尤为切要",因此提出:"拟请饬下修律大臣斟酌中土人情政俗,参照各国政法,厘定

---

① 《上清帝第六书》,载《戊戌变法》(第2册),神州国光社1953年版,第200页。
② 《大清光绪实录》卷498。

民律，会同臣部奏准颁行，实为图治之要。"这个奏折是制定近代民法的较为详细的意见书。该奏折经圣旨批准："如所议行。"①

1907 年 9 月，总理大臣庆亲王奕劻在《奏议复修订法律办法折》中称修订法律馆"应以编纂民法、商法、民事诉讼法、刑事诉讼法诸法典及附属法为主，以三年为限，所有上列各项草案，一律告成"②，民法典的制定正式提上议事日程。

1908 年宪政编查馆和资政院共同提交预备立宪九年立法日程表，规定用八年的时间制定、颁布并实施《民律》。1910 年，宪政编查馆更改预备立宪的立法日程，顺便也将《民律》的颁布、实施期从八年压缩为四年。

日本"民法"这一概念的应用，始自 1868 年津田真道所译《泰西国法论》一书，该书将荷兰语"Burgerlyk Regt"译为"民法"③。后来，箕作麟祥接受文部大辅江藤新平的命令翻译《拿破仑法典》，亦沿用这一译法。通过箕作麟祥翻译的《法兰西六法》，日本人开始对西方近代法律体系有所认识，并模仿这种体系开始进行本国的民事立法，由此揭开了明治政府编纂民法典的序幕。

二、民事立法的实践

中华法系的一大特点便是诸法合体、民刑不分。清末法制改革中，据宣统元年十二月二十四日（1910 年 2 月 3 日）《宪政编查馆奏请修订大臣另编重订现行律折》记载，为适应各级审判庭设立民事专科，宪政编查馆拟议将现行律"分别民刑"。另据宣统二年四月初七（1910 年 5 月 15 日）《法律馆、宪政编查馆会奏呈进现行刑律黄册定本请旨颁行折》记载，重新修订之现行律内"户役、继承、分产、婚姻、田宅、钱债各条，应属民事者，勿再科刑"。这

---

① ［清］朱寿朋：《光绪朝东华录》（五），张静庐等校点，中华书局 1958 年版，总第 5682—5683 页。
② 同上书，总第 5746 页。
③ 叶孝信：《中国民法史》，上海人民出版社 1993 年版，"绪论"。

种做法,在中国法制史上第一次明确了民事法律规范与刑事法律规范的分别,从而为独立编纂民事法律埋下了伏笔。

日本明治维新前的法律以刑事为主,只存在单行的、零碎的民事法令。当时民事裁判的原则是:没有成文法的情况下依据习惯;没有习惯的情况下依据条理进行裁判。明治政府上台后,迅速将建立完善的资本主义法制作为一项重要任务,民法典的编纂工作也从这个时期开始被提上议事日程。

在江藤新平的主持下,太政官制度局从 1870 年 9 月开始召开民法起草会议,参照箕作麟祥翻译的法国民法,以一年时间制订了《民法决议七十九条》,其内容相当于法国民法第一卷"私权的享有与丧失"和第二卷关于身份证书的部分。

1871 年 8 月,江藤新平任左院副议长。次年 4 月 12 日至 7 月 13 日,司法省的明法寮召开民法起草会议,制订了《皇国民法暂行规则》。这部长达 2 085 条的大法典是日本最早的综合性的民法典草案,但仍是仿效和压缩法国民法典的产物。其内容大体为后来的《左院民法草案》所继承,也为以后制定"旧民法"奠定了基础,它在日本民法立法史上具有相当重要的意义。

1872 年 10 月 10 日起,司法省召开民法起草会议,由保斯克①牵头,在《皇国民法暂行规则》和法国民法典的基础上,制定了《民法暂行法则》88 条,主要是关于身份证书制度的规则。

1873 年至 1874 年,左院以充分考虑前代习俗为原则,制定了新的《民法草案》,史称《左院民法草案》。该草案由家督继承法、遗赠规则、养子法、监护规则和婚姻法五篇构成。这部法典对日本后来的民事立法尤其是人身法的制定有着重要影响。

1875 年左院被废除,民法典的起草任务重归司法省。1876 年 5 月司法省设立地方惯例调查局,开始对各地的旧习惯着手调查,并在此基础上制定

---

① 保斯克(Georges Bousquet,日文译名ブスケ),法国巴黎控诉院律师,由日本司法省聘请前来日本帮助进行民事立法,并在明法寮授课。

了 1878 年的《民法草案》，史称《明治 11 年民法草案》。该草案由箕作麟祥、牟田口通照负责起草，共 1 820 条，由人事编、财产及财产所有权种类编、财产所有权取得方法编三部分组成。这部草案"从篇章结构到内容完全是模仿法国民法典，说它与法国法典几无二致实不为过"①，因此司法卿大木乔任以其全盘照搬法国民法典、全然不顾日本世俗民情为由不予采用，并决定以泰西主义为依据，重新起草适合日本国情的新法典。

正如日本学者福岛正夫所总结的那样，明治初年制定的一系列民事立法都具有如下特点：(1)过渡性。这些立法都是适应形势发展的需要并采用近代法律形式制定出来的，具有暂时性和过渡性的特点。(2)法律形式不完备。立法中大量残留了封建法制的内容，而且实体法与程序法、公法与私法混杂在一起。(3)立法不完整，且缺乏统一性。单行法规较多，相互间缺乏协调和一致，前后矛盾的地方屡见不鲜。(4)习惯法无法弥补私法之广大空白。(5)启蒙性。②虽然这一时期的民事立法有着种种不足，但它们为"旧民法"的制定和通过提供了铺垫。

对比中日两国民法近代化初期的立法实践可以看出，《大清民律草案》制定之前，清政府才刚刚开始着手"分别民刑"，未曾有过起草民法的立法实践，缺乏民法典编纂经验；而日本方面，在"旧民法"制定之前，已尝试进行了数个民法草案的起草工作，积累了较为丰富的民法典编纂经验。

三、外国法典和法学著作的翻译

为了在修律过程中贯彻中法与西法结合，沈家本认为："参酌各国法律，首重翻译"③，"欲明西法之宗旨，必研究西人之学，尤必编译西人之书"④。

---

① ［日］清浦奎吾：《明治法制史》，日本东京明法堂 1899 年版，第 584 页。
② ［日］福岛正夫：《日本资本主义的发达和私法》，日本东京大学出版社 1986 年版，第 17—19 页。
③ 沈家本：《沥陈修订法律情形拟请归并法部大理院会同办理折》，载徐世虹主编：《沈家本全集》（第 2 卷），中国政法大学出版社 2010 年版，第 448 页。
④ 沈家本：《新译法规大全序》，载《寄簃文存》，商务印书馆 2015 年版，第 212 页。

沈家本把翻译外国法典和法学著作视为变法修律的基础性和首要性工作。

1907 年 9 月,宪政编查馆《奏请派修订法律大员一折》中建议,为了完成三年内制订民法、商法、民事诉讼法、刑事诉讼法的任务,"一面广购各国最新法典及参考各书,多致译材,分任翻译;一面派员确查各国现行法制,并不惜重赏,延订外国法律专家,随时咨问,调查明澈,再体察中国情形,斟酌编辑,方能融会贯通,一无扞格"①。沈家本一方面广罗从欧美、日本等地归来的留学生,另一方面通过外交途径,大量搜购外国法律、法典和法学著作,进行大规模的法律文献翻译工作。

在沈家本的主持下,从 1904 年 4 月 1 日修订法律馆开馆起,至 1909 年 11 月,修订法律馆译出西方各国刑法、民法、诉讼法、商法、国籍法、法院编制法、监狱法等十几个国家的几十种法律和法学著作。其中涉及民法方面的有:德国民法、日本民法、法国民法、奥国民法等民法典,以及《法律名词》、日本奥田义人的《继承法》、冈松参太郎的《民法理由》《总则》《物权》《债权》等法学著作。外国民法典和民法学著作的翻译,促进了立法者对西方近代民法学的学习和了解,为修订法律馆起草制定《大清民律草案》提供了参考。

日本近代民法编纂事业也是从翻译西方法典和法律著作开始的。明治维新以后,西学得以广泛传播,西方的法律也开始被介绍到日本,最早的便是箕作麟祥翻译的《法兰西六法》,包括法国民法、诉讼法、治罪法、刑法、宪法和商法。之后,法、英、德等国许多法学家的书籍被介绍到日本。影响较大的有大岛贞益翻译的英国奥斯丁的《豪氏法演讲是义节简本》、副岛义一等翻译的德国德恩堡的《德国民法论》、末松谦澄翻译的《查士丁尼皇帝钦定罗马法学提要》等。

四、外国专家的聘任

中日两国在民法近代化的开端时期,本国法律人才极其缺乏,根本不具

---

① ［清］朱寿朋:《光绪朝东华录》(五),张静庐等校点,中华书局 1958 年版,总第 5765—5766 页。

备独立编纂近代民法典的能力,因此只能聘请外国法学专家来帮助进行民法典的编纂。

1905 年 9 月,修律大臣伍廷芳等上折奏请派员赴日本考察。称:"我国与日本相距甚近,同洲同文,取资尤易为力,亟应遴派专员前往调查,藉得与彼都人士接洽研求。……然非得有学有识通达中外之员,不能胜任。兹查有刑部候补郎中董康、刑部候补主事王守恂、麦秩严,通敏质实,平日娴习中律,兼及外国政法之书,均能确有心得,拟请派令该员等前赴日本,调查法制刑政,并分赴各裁判所,研究鞫审事宜,按月报告,以备采择。"①

1907 年 6 月 9 日,法部尚书戴鸿慈等《奏拟修订法律办法折》引两广总督岑春煊《陈请修订法律以伸法权折》中称:"查原奏各折片称:组织立法机关,明定法律宗旨,讲明法律性质,编纂法律成典,以及陈请钦派大臣,并延聘外国法律名家,以备询问等语。"②法部基本赞同这一意见,并就以上各条,"筹拟办法"。

1907 年 11 月,翰林院侍读学士朱福诜奏"慎重私法编别,……聘法学博士梅谦次郎为民法商法起草员"③。但由于日本民法学家梅谦次郎当时已接受韩国的聘任,担任韩国政府的法律顾问并从事韩国的法律起草工作,不能来华。其他延聘人员,直到 1908 年 10 月才得以确定:"修律大臣沈家本奏,聘用日本法学博士志田钾太郎、冈田朝太郎、小河滋次郎、法学士松冈义正,分纂刑法、民法、刑民诉法草案。允之。"④这些日本法学专家相继来华,除担任法律学堂的教席外,均参与了清末的法典编纂工作,对晚清的修律事业及法学教育作出了重大贡献。

参与编纂《大清民律草案》的松冈义正是日本民法及民事诉讼法专家。

---

① [清]朱寿朋:《光绪朝东华录》(五),张静庐等校点,中华书局 1958 年版,总第 7413 页。
② 故宫博物院明清档案部:《清末筹备立宪档案史料》(下册),中华书局 1979 年版,第 839 页。
③ 《大清光绪实录》卷五八三,光绪三十三年十一月己酉条。
④ [清]朱寿朋:《光绪朝东华录》(五),张静庐等校点,中华书局 1958 年版,总第 6019 页。

清廷之所以在民法编纂上聘请松冈义正为顾问,很大程度上是由于梅谦次郎的推荐。"松冈义正是梅谦次郎在东京帝国大学的第一批直系弟子。……松冈在法典调查会以辅助委员身份开展的工作得到梅谦次郎的高度评价。"①

松冈义正早年毕业于东京帝国大学(现在的东京大学)法科,1892 年获得法学学士学位,后留学德国和法国,于大正五年(1916 年)获法学博士学位,曾任日本大审院法官,出版有《民法总则》《物权法》《民事诉讼法》等著述。此次受聘来华,他负责起草了《大清民律草案》的前三编内容,又协同起草了亲属、继承两编。

日本进行"旧民法"编纂之时,从国外聘请的法学专家是法国学者博瓦索纳德。

博瓦索纳德于 1873 年 11 月辞去法国巴黎大学副教授的职务,作为日本政府的顾问应邀赴日。1876 年 7 月,司法卿大木乔任曾就民法典制定与国家安定、国富民强、善良风俗、自主独立等诸方面的关系问题向博瓦索纳德咨询,博瓦索纳德提出《关于民法编纂的意见书》,不仅一一回答了大木乔任的问题,而且提出民法编纂关于家族部分和财产部分的初步设想。同年 9 月,大木乔任向太政官奏请进行五法编纂,即编纂刑法、治罪法、民法、商法和民事诉讼法。1879 年 3 月,司法卿大木乔任委托博瓦索纳德进行日本民法典草案的起草。接受委托后,博瓦索纳德即全身心地投入民法典草案的起草。后来,"旧民法"被延期实施后,博瓦索纳德 1895 年在失意中黯然归国。虽然以他为中心起草的"旧民法"未能在日本真正实施,但博瓦索纳德仍被视为日本近法(民)法之父而在日本近代法史上占据重要地位。

作为中日两国民法近代化开端标志的《大清民律草案》和日本"旧民法"

---

① 熊达云:《洋律徂东:中国近代法制的构建与日籍顾问》,社会科学文献出版社 2019 年版,第 229 页。

在起草之际,由于本国立法力量的薄弱,不约而同地想到聘请外国法学家帮助起草法典条文,并且考虑到民法典中人身法部分与本国风俗习惯密切相关,因此都对编纂工作进行了相应的分工,将人身法部分的起草委任给本国学者。《大清民律草案》的总则编、债权编和物权编主要由日本法学家松冈义正负责起草,志田钾太郎亦有参与;亲属编由章宗元、朱献文起草;继承编由高种和、陈箓等人起草。日本"旧民法"的财产法部分,即财产编、财产取得编的大部分、债权担保编、证据编等均是由博瓦索纳德起草;人身法部分中,人事编主要由法律调查报告委员熊野敏三起草,财产取得编的继承、赠与、遗赠、夫妇财产合同等内容则以报告委员矶部四郎为中心进行起草。

值得注意的是,外国专家虽然主要负责民法典草案中财产法部分的起草,但其对法典的作用和影响力则显然不只局限于财产法部分。

博瓦索纳德虽然未曾直接参与民法典人身法部分的起草,但从事该部分内容起草工作的日本学者大多是博瓦索纳德的学生,对他的意见自然言听计从。例如,博瓦索纳德强烈反对日本传统法中的单一继承制度,正是在他的影响下,1888 年 7 月完成的"旧民法"第一草案基本摒弃了日本传统的亲属制度,不承认户主的特权,长子的继承份额也是稍优越于其他子女。另据日本《内阁制度七十年史》记载,大木乔任在向内阁呈递的人事编附书中说:"由于与我国民情相互影响,因此本编及第三编第二章等部分内容的起草径由本国编纂委员进行,草案完成后在与博瓦索纳德讨论商议的基础上再行修改,订正后全部完成。"①可见,"旧民法"人身法部分的内容亦征求了博瓦索纳德的意见。

同样,《大清民律草案》的亲属和继承两编虽然是由中国学者直接起草,但如果没有松冈义正等日本法学家的协助,编纂任务能在短短三年多时间内完成是不可想象的。亲属、继承两编在许多内容上与日本民法典的极其

---

① ［日］福岛正夫:《日本近代法体制的形成》(下卷),日本评论社 1982 年版,第 376 页。

相似性即从一个侧面印证了日本法学家对《大清民律草案》的全方位影响。

五、民事习惯的调查

《大清民律草案》在制定过程中,曾组织了大规模的民事习惯调查,在全国范围内广泛了解婚姻、家庭、继承、物权、债权等方面的社会习惯。

从现有史料分析,清末民事习惯调查始于 1907 年。这年五月初一,大理院正卿张仁黼上奏清廷,提出:"凡民法商法修订之始,皆当广为调查各省民情风俗所习为故常,而于法律不相违悖,且为法律所许者,即前条所谓不成文法,用为根据,加以制裁,而后能便民,此则编纂法典之要义也。"①这一奏折明确地将民间习惯视为不成文法,并将民商事习惯调查视为编纂民商法典的首要环节。

同年 9 月,宪政编查馆奕劻等奏请设立各省调查局并陈述理由:"中国疆域广袤,风俗不齐,虽国家之政令,初无不同,而社会之情形,或多歧异。现在办法,必各省分任调查之责,庶几民宜土俗,洞悉靡遗。将来考核各种法案,臣馆得有所依据,始免两相抵忤。"②这一提议当即获得朝廷认可,清廷同一天便发布了《令各省设立调查局各院设立统计处谕》。调查局的设立,为民事习惯调查的顺利进行奠定了基础。

1908 年 5 月,沈家本奏呈法律馆咨议调查章程:"馆中修订各律,凡各省习惯有应实地调查者,得随时派员前往详查。"③可见当时清末的民事习惯调查已经启动。

为保证民事习惯调查取得实效,修订法律馆根据调查活动的进展陆续制定各种专门的操作规则。如 1908 年 5 月 25 日,沈家本向朝廷呈交了《法

---

① 《大理院正卿张仁黼奏修订法律请派大臣会订折》,载故宫博物院明清档案部:《清末筹备立宪档案史料》(上册),中华书局 1979 年版,第 836 页。
② 故宫博物院明清档案部:《清末筹备立宪档案史料》(下册),中华书局 1979 年版,第 51—52 页。
③ 李贵连:《沈家本年谱长编》,台湾成文出版社 1992 年版,第 277 页。

律馆咨议调查章程》。①至 1910 年正月,为配合民法典的制定,并针对此前各省民事习惯调查中存在的问题,修订法律馆又颁发《调查民事习惯章程十条》,并颁布《调查民事习惯问题》213 条。

清末民事习惯调查的运作方式主要有两种:其一,由朝廷根据需要委派修订法律馆专职人员分赴各地调查,随时报告。比如,1909 年 3 月,"沈家本等奏派编修朱汝珍赴各省调查商事习惯。当月至上海,发问题百余事"②。至 1910 年正月二十一,出于制订民、商各律的需要,修订法律大臣再次"奏请派员分赴各地调查考察民事、商事习惯"③。其二,"由修订法律馆拟定调查问题,颁发各省调查局及各县"④,各省县调查人员依据拟定的问题搜集各地习惯,然后将答复清册报送修订法律馆,因之,清末各省呈送的民事习惯调查报告绝大部分均系问答体。两种调查方式之中,第二种方式是最主要、最普遍被采用的方式。据统计,清末存留的"民事习惯调查报告"竟多达 828 册。⑤综上,当时调查组织比较严密,规模相当宏大,调查成果也很可观。

日本在进行"旧民法"编纂之时亦进行了较大规模的全国民事习惯的调查。1877 年,箕作麒祥、牟田口通照等负责起草民法典,司法卿大木乔任向全国各地派遣人员,对全国的民事惯例进行广泛的调查。作为此次活动的成果,同年 5 月出版《民事惯例类集》一书。民事编纂局设置以后,以局内设置的第四工作小组为中心,一方面继续调查收集日本传统的民事惯例,尤其

---

① 李贵连:《沈家本年谱长编》,台湾成文出版社 1992 年版,第 277 页。

② 同上书,第 301 页。

③ 同上书,第 329 页。

④ 北洋政府第 242 期《司法公报》第 1 页。另,北洋政府第 242 期《司法公报》亦即《司法公报第 38 次临时增刊》,其标题是《民商事习惯调查录(第二期)》,现藏于北京图书馆。转引自胡旭晟:《20 世纪前期中国之民商事习惯调查及其意义》,《湘潭大学学报(哲学社会科学版)》1999 年第 8 期。

⑤ 李炘编《各省区民商事习惯调查报告文件清册》,转引自前南京国民政府司法行政部编《民事习惯调查报告录》(上册),中国政法大学出版社 1999 年版,第 8 页。

是对上次调查中遗漏的民事惯例进行调查和补充,另一方面对 1877 年所收集的各地民事惯例进行综合整理,予以体系化和条理化,并于 1880 年出版厚达 600 多页的《全国民事惯例类集》。

值得注意的是,尽管《大清民律草案》和日本"旧民法"进行编纂之时,立法机关都花费了相当的人力、物力对本国的民事习惯进行了一定的调查,但是,这些调查的成果在多大程度上为两部民法典所吸收从而对法典本身产生影响,学界均持审慎的怀疑态度。

就《大清民律草案》而言,虽然宣统三年(1911)9 月修订法律大臣在进奏民律前三编草案的奏文中称:"臣馆曾经延聘法律学堂教员、日本大审院判事、法学士松冈义正协同调查,并遴派馆员分赴各省,采访民俗习惯,前后奏明在案。臣等督饬馆员,依据调查之资料、参照各国之成例、并斟酌各省报告之表册,详慎从事,草案初稿于上年年终蒇事。"① 但有学者指出,草案是在 1910 年完成初稿的,而预定的汇总调查资料的日期是在这一年的 8 月,即使是各省能够如期提出调查报告,也难以在短短的几个月里分析研究。而且从草案本身来看,能够辨认出吸取民间习惯的内容极其稀少。② 因此,比较接近事实的判断是,在民律草案前三编的起草中几乎没有斟酌民间习惯,这一次调查的资料并没有被利用。③

日本的情况大同小异,"尽管《全国民事惯例类集》是遍访全国各地名家、历尽千辛万苦而完成的,但它对司法省的立法事业根本没有产生什么影响"④。究其原因,第一,博瓦索纳德主要以外国民法典为参照对象起草"旧民法"的财产法部分;第二,"旧民法"的人身法部分虽然由日本本国学者负

---

① 《内阁官报》宣统三年九月十二日第 71 号《修订法律大臣奏编辑民律前三编草案告成缮册呈览折》。
② 郭建、王志强:《关于中国近代民事习惯调查的成果》,载施沛生:《中国民事习惯大全》,上海书店出版社 2002 年版,"序言"。
③ [日]滋贺秀三:《民商事习惯调查报告录》,载滋贺秀三:《中国法制史——基本史料的研究》,日本东京大学出版会 1993 年版,第 821 页。
④ [日]川口由彦:《日本近代法制史》,日本新世纪株式会社 1998 年版,第 112 页。

责起草,但当时自由民权运动方兴未艾,西方个人主义风行一时,欧洲法律倍受推崇,在此情况下,立法者客观上不太可能对封建时代以来的旧习惯进行仔细分析和吸收;第三,在直接从事民间习惯调查、收集民事惯例的人之中,具有法律知识的少之又少,因此收集上来的惯例中,与私法上民事权利义务关系无关的地方风俗占了相当数量,这在一定程度上也影响了民事惯例的利用价值。

六、立法机关和编纂过程

清末修订法律的立法机关是修订法律馆。关于修订法律馆的设立,1905 年 4 月 24 日《修订法律大臣奏请变通现行律例内重法数端折》中有"……自光绪三十年四月初一日,开馆以来"①一语,可以推定修订法律馆的设置及业务开展始于光绪三十年四月(西历 1904 年 5 月)。

关于修订法律馆的人员编制,《清史稿·职官志》记载:"修订法律馆。大臣无定员。提调二人。总纂·协修各六人。庶务处总办一人。译员·委员无恒额。"1907 年 7 月,沈家本、俞廉三和英瑞三人被任命为修订法律大臣,不久又任命法部右参议王世祯、法部候补郎中董康为修订法律馆提调。

同年 11 月,修订法律大臣沈家本在《奏开馆日期并拟办事章程折》中请求通过修订法律馆的人事、组织章程(共 14 条),提出:"民商各法,意在区别凡人之权利义务。而尽纳于轨物之中,本末洪纤,条理至密,非如昔之言立法者仅设禁以防民,其事尚简也。"②

《修订法律馆办事章程》第一条明确规定了修订法律馆的任务有三项:"一是拟订奉旨交议各项法律,二是拟订民商诉讼各项法典草案及附属法,并奏订刑律草案之附属法,三是删订旧有律例及编纂各项章程。"③关于民

---

① 《大清法规大全·法律部》(卷三)。
② [清]朱寿朋:《光绪朝东华录》(五),张静庐等校点,中华书局 1958 年版,总第 5803 页。
③ 《修订法律大臣奏开馆日期并拟办事章程折》,载《大清光绪新法令》(第 3 册)。

事法律的立法,该章程第二条规定:"馆中分设二科如左。一、掌关于民律商律之调查起草;二、掌关于刑事诉讼律民事诉讼律之调查起草。"①此外,馆中设译书处、编案处、庶务处等机构。修订法律馆一边多方翻译外国民法典和法学著作,一边着手广泛调查各地民事习惯,民法典的编纂工作也与此同步进行。

相比之下,日本"旧民法"的立法过程要复杂得多,仅是立法机关,就先后经历了元老院民法编纂局、司法省民法草案编纂委员会、外务省法律调查委员会、司法省法律调查委员会等数次变动。

1875年4月明治政府进行太政官职制改革,左院被废除,取而代之的是元老院,其职责是修改原有法律和制定新法律。大木乔任担任元老院议长后,于1880年6月在元老院内设立民法编纂局,自任总裁,制定《民法编纂局章程》,正式开始民法草案的编纂工作。民法编纂局的成员分为议论员和分任员两种,前者是指拥有专门议席参与讨论修改法典草案的人员;后者是指接受总裁任命承担法典编纂任务的人员。当时被任命的议论员主要有玉乃世履、楠田英世、水本成美、津田真道、西成度、池田弥一等。分任员则被分为四组,其主要成员和分工如下:第一组成员为箕作麟祥、黑川诚一郎、矶野四郎和博瓦索纳德,主要任务是法典草案的起草和翻译;第二组成员为杉山孝敏,主要任务是为编纂法典进行有关语汇的编辑工作;第三组成员为木村正辞,主要任务是对编纂草案各法条中不适当的文字进行修改;第四组成员为生田精,主要任务是调查编辑日本传统的民事惯例。

法典编纂程序是,先由博瓦索纳德以法文起草草案,然后由第一组的箕作麟祥等人将其翻译成日语,再由第三组的木村正辞对草案语言进行修改和润色,最后将草案分发给每一位议论员和分任员,每周召开两次会议进行讨论修改。

---

① 《修订法律大臣奏开馆日期并拟办事章程折》,载《大清光绪新法令》(第3册)。

　　法典编纂工作进展得并不顺利,原定计划是 1881 年 5 月全部编纂完成 2 500 条左右的民法典,然而到了 1881 年 9 月,法典才完成了 500 多条,而且这 500 多条亦很不完整,亟须修改和完善。接下去,民法编纂局进行了长达六年之久的艰苦的法典编纂工作,截至 1886 年 3 月,完成财产编和财产取得编第一部共 1 000 多条条文,然后作为草案向内阁提交。

　　然而,就在民法编纂局将其完成的财产编和财产取得编第一部草案向内阁提交后,民法编纂局即被撤销。1886 年 4 月在司法省内设立民法草案编纂委员会,继续从事民法典剩余部分尤其是人事编的起草和编纂,直到 1887 年 4 月法律调查委员会向内阁提议中止元老院对民法草案的审议。

　　明治政府在为收回治外法权而与西方列强的交涉中,深感以泰西主义为基础迅速建立近代法律体系的紧迫性。为加快法制改革的脚步,明治政府于 1886 年 8 月 6 日在外务省设置法律调查委员会,委员长由外务卿井上馨亲自担任,试图将修改不平等条约与制定统一民法典任务合二为一,一气呵成。1887 年 4 月,外务卿井上馨向内阁提议中止元老院对民法草案的审议,得到内阁同意。由此,法律调查委员会正式接手进行起草包括民法典在内的诸法典。同年 10 月,井上馨被免去外务卿职务,法律调查委员会随之被归入司法省,调查委员会的委员长亦由当时的司法大臣山田显义接任,继续负责诸法典的编纂事务。

　　山田显义接手法律调查委员会委员长职务以后,对委员会的机构进行了大刀阔斧的改革,并制定新的《法律调查委员会略则》。改革后的法律调查委员会由法律调查报告委员和法律调查委员组成,前者的主要任务是对起草者起草出来的法典草案各条进行调查和翻译,并向委员会进行报告说明;后者的主要任务是对报告委员说明的议案进行讨论,作出决定。从 1887 年 11 月至 1888 年 5 月,山田显义共任命了 12 名调查委员,其中 7 位是元老院议官,3 位是大审院院长或庭长,另有 1 位东京控诉院院长和 1 位法官。山田显义之所以较多任命元老院议官,不外乎出于希望日后法典在审议时容易通过的长远考虑。同期山田显义还任命了 30 余位调查报告委员,其中大部分是司法官、书记官或司法省参事官。

法律调查委员会的工作方法是,一边由报告委员进行草案的起草和翻译,一边由调查委员进行讨论和修改。委员长山田显义将修改后的草案迅速提交给内阁总理大臣,再由内阁总理大臣提交元老院审议。

需要指出的是,法律调查委员会在完成民法典各部分草案的编纂后,并不是直接就提交元老院审议,而是在向内阁总理大臣提交的同时,将该部分草案送交诸大臣、枢密院议长、元老院议长、参事、法制局长官等处,广泛征求意见。尤其是人事编部分和财产取得编的继承、赠与、遗赠、夫妇财产合同等部分,征求意见的范围更加广泛,除上述对象外,还被送交各亲王殿下、宫中顾问官、枢密院顾问官、元老院议官、枢密院书记官长、大学总长、各省次官、大学教授、地方长官、大审院长、控诉院长、检事长、裁判所长、首席检察官等处,一一征求意见。

七、《大清民律草案》和日本"旧民法"的完成

《大清民律草案》的编纂历经四年,于 1911 年 9 月完成。草案共 1 569 条,分别是:总则编 323 条,债权编 654 条,物权编 339 条,亲属编 143 条,继承编 110 条。前三编主要由日本法学家松冈义正、志田钾太郎起草;亲属编由章宗元、朱献文起草;继承编由高种和、陈箓等人起草。草案初稿经修订法律馆和礼学馆核定即提交讨论,但未获通过。第二稿在原稿基础上又经八个月"逐条添附案语","粗称完备"。但直到辛亥革命爆发清王朝灭亡,该草案也未获通过。然而,作为中国民法史上第一部按照资本主义民法原则起草的民法典,《大清民律草案》的完成标志着中国民法近代化道路的开始,它为后来的民国政府制定民法典提供了重要的借鉴。

日本"旧民法"的财产编和财产取得编的大部分于 1886 年完成,剩余的

债权担保编和证据编的起草和翻译工作也进行得迅速而顺利，这几部分草案于 1888 年 12 月即由内阁提交元老院审议。有关人身法部分的草案亦于 1890 年 4 月由法律调查委员会完成后提交元老院审议。

元老院对法典草案的审议本来是采用逐条审议的方法，但山田显义唯恐审议时间过长，提出为了促进不平等条约的修改，法典编纂必须在日本帝国议会召开前完成，因此极力反对逐条审议，主张采取以各编为单位一揽子审议的方法。尽管遭到元老院内三浦安、村田保等人的强烈反对，但在山田显义的大力推动下，一揽子审议的意见仍得以采纳和实施。由此，元老院的审议速度大大加快，商法、民事诉讼法、法院构成法等法典在一揽子审议中以"一泻千里"的速度得以通过。①民法典亦不例外，1889 年 7 月，民法典的财产编（共 572 条）、财产取得编（第 1 条至第 285 条）、债权担保编（共 298 条）、证据编（共 164 条）全部审议结束，随之被元老院提交枢密院审核。

元老院在审议中对人事编部分进行了大规模删改。司法省法律调查委员会完成并提交的人事编草案共有 550 条，元老院于 1890 年 5 月结束审议时削除 200 余条，仅通过了 293 条。同年 9 月，财产取得编的剩余部分（即继承、赠与、遗赠、夫妇财产合同部分，第 286 条至第 435 条）审议完毕。这两部分草案亦被提交枢密院审核。

元老院议定的民法典草案很快便通过了枢密院审核，随后便以法律形式正式公布。即：1890 年 4 月 21 日明治政府以第 28 号法律公布了民法典的财产法部分，定于 1893 年 1 月 1 日起施行；1890 年 10 月 7 日明治政府以第 98 号法律公布了民法典的人身法部分，决定和民法典财产法部分同时开始施行。由此，长达 10 年之久的"旧民法"的编纂终于画上了句号。

----

① ［日］星野通：《明治民法编纂史研究》，日本信山社 1984 年版，第 102 页。

日本"旧民法"从 1880 年明治政府成立民法编纂局,到审议通过后于 1890 年公布,前后共花费了 10 年时间;而《大清民律草案》从 1907 年正式开始编纂,到 1911 年 9 月草案全部完成,前后只花费了 4 年时间。为什么在"旧民法"之前已起草了数部民法草案、积累了相当经验的日本却在制定"旧民法"之时耗费了两倍于《大清民律草案》的时间? 笔者认为,其中一个很重要的原因就是,作为一个有着东方传统的亚洲国家,日本所进行的近代民法典的编纂是一项开创性的事业。当初箕作麟祥翻译拿破仑法典时,没有注释书,没有老师,没有词典,经常遇到日语词汇中从未有过的概念,不得不依靠苦思冥想,根据自己的理解去发明、创造一些新的词汇以与之相对应,翻译之艰难可想而知。日本编纂"旧民法"时同样遇到这样的问题,博瓦索纳德是用法语起草草案的,首先要翻译成日语,才能进行下一步的讨论和修改,这显然拖延了"旧民法"编纂的步伐。《大清民律草案》的编纂比"旧民法"的编纂要晚近 30 年,其时,日本明治民法已颁布实施。由于中日两国都使用汉字,许多近代民法的概念可以直接从日本照搬过来,所以起草工作的进展自然远比"旧民法"快捷。此外,"旧民法"编纂时间较长,与日本立法机构的多次变换亦不无关系。

第三节　编制结构的比较

一、民商分立原则的采用

《大清民律草案》主要是在日本法学家的帮助下起草完成的,它深受日本民法典(指明治民法而非"旧民法")的影响,故与日本一样,采用民商分立的原则分别制定民法典和商法典。在清末商事立法方面,早在 1903 年,清政府即命载振、袁世凯、伍廷芳等人起草商律。同年 12 月,《钦定大清商律》起草完毕,它由"商人通例"(9 条)和"公司律"(131 条)两部分组成,在体例和内容上均体现了对外国商法典的效仿。1906年，清政府又制定和颁布《破产律》，以补充和完善《钦定大清商律》的内容。1908年，修订法律馆邀请日本专家志田钾太郎起草商法典，完成的《大清商律草案》（又称"志田案"），它主要是模仿日本明治商法和1900年《德国商法典》，但其中的票据法则还参照了《海牙统一票据条例草案》。对于此草案，许多商会皆表示不满，认为其照搬外国法内容过多，并不符合中国的商业习惯。同时，此草案也遭到农工商部的抵制。考虑到当时通行的《钦定大清商律》过于简略，无法适应工商业发展需要，农工商部于1910年提出《改订商律草案》，但该草案来不及议决就因清政府被推翻而成了废案。

日本"旧民法"主要是在法国法学者的帮助下起草完成的，因此它仿照法国民法典采用民商分立的原则。明治政府在进行民法典编纂的同时，于1881年4月委托德国法学家勒斯勒尔①进行商法典的起草，历时3年完成草案。之后，明治政府以该草案的部分内容为基础，1885年制定《汇票期票条例》，1886年制定单行的《商社法》。1886年以后，商法典的制定工作与民法典一起转由法律调查委员会负责。法律调查委员会制定的商法典草案1890年在议会获得通过，定于1891年1月1日起实施，这就是日本历史上的"旧商法"，后来与"旧民法"一起被延期实施。

二、潘德克顿编制法与罗马法编制结构

从罗马法的《法学阶梯》以来，传统民法理论一直将民法划分为人法和物法。法国民法典承继了《法学阶梯》的编法而稍加调整，分为人法、物法和债法，即第一编"人"，第二编"财产及对于所有权的诸限制"，第三编"取得所有权的诸方法"。日本"旧民法"的主要编纂者博瓦索纳德虽然在起草日本民法典时根据自己的思考进行了大胆的创新，将民法典内容设定为财产编、

---

① 勒斯勒尔（Roesler Karl Friedrich Hermann, 1834—1894年），日译ロェスレル或ロェスラー，德国法学家和经济学家。1878年被日本聘为外务省顾问参与明治宪法和商法的起草。

财产取得编、债权担保编、证据编和人事编五编，而究其本质，则仍未脱离《法学阶梯》的窠臼。日本"旧民法"的五编内容分别为：

第一编财产编共 572 条，由总则、物权和债权三部分组成。物权部分包括 5 章，分别是：第一章所有权；第二章用益权、使用权及居住权；第三章租赁权、永住权和地上权；第四章占有权；第五章地役权。债权部分除总则外包括 4 章，分别是：第一章义务的原因；第二章义务的效力；第三章义务的消灭；第四章自然义务。

第二编财产取得编共 15 章 435 条，分别是：第一章先占；第二章添付；第三章买卖；第四章交换；第五章和解；第六章公司；第七章射幸；第八章消费借贷；第九章使用借贷；第十章寄托和保管；第十一章代理；第十二章雇佣；第十三章继承；第十四章赠与及遗赠；第十五章夫妇财产合同。

第三编财产担保编共 5 章 298 条，由对人担保和对物担保两部分组成。对人担保部分包括 2 章，分别为：第一章保证；第二章连带。对物担保部分包括 5 章，分别是：第一章留置权；第二章动产置权；第三章不动产置权；第四章先取特权；第五章抵当。

第四编证据编共 8 章 164 条，由证据和时效两部分组成。证据部分共 3 章，分别是：第一章法官的考察；第二章直接证据；第三章间接证据。时效部分共 8 章，分别是：第一章时效的性质和适用；第二章时效的抛弃；第三章时效的中断；第四章时效的停止；第五章不动产的取得时效；第六章动产的取得时效；第七章免责时效；第八章特殊时效。

第五编人事编共 16 章 293 条，分别是：第一章私权的享有及行使；第二章国籍；第三章亲属；第四章婚姻；第五章离婚；第六章父母和子女；第七章收养；第八章解除收养；第九章亲权；第十章监护权；第十一章行为能力；第十二章无行为能力；第十三章户主和家族；第十四章住所；第十五章失踪；第十六章身份证书。

《大清民律草案》则是模仿德国民法典和日本明治民法，在编制结构上采用潘德克顿编制法①。"潘德克顿",系罗马法大全即查士丁尼法典中的《学说汇纂》(Pandectae)的音译。十九世纪的德意志法学,通过对《学说汇纂》的研究构成近代民法理论体系,称为潘德克顿法学。其主要特点之一是注重构造法律的结构体系。尤其是温特夏德在《潘德克顿教科书》中所确立的五编制的民法学体系,成为1900年德国民法典的渊源。德国民法典由5编组成,依次为:总则、债的关系法、物权法、亲属法、继承法。这种民事法典的编纂方法后来为日本的明治民法所沿用,清末修律时又通过日本传到了中国。

《大清民律草案》由总则、债权、物权、亲属、继承五编组成,共1 659条,其构成和章节名称分别为:

第一编总则编共8章323条,分别是:第一章法例;第二章人(包括6节:权利能力、行为能力、责任能力、住址、人格保护、死亡宣告);第三章法人(包括3节:通则、社团法人、财团法人);第四章物;第五章法律行为(包括5节:意思表示、契约、代理、条件及期限、无效撤销及同意);第六章期间及期日;第七章时效(包括3节:通则、取得时效、消灭时效);第八章权利之行使及担保。

第二编债权编共8章654条,分别是:第一章通则(包括6节:债权之标的、债权之效力、债权之让与、债权之责任、债权之消灭、多数债权人及债务人);第二章契约(包括20节:通则、买卖、互易、赠与、使用赁贷权、用益赁贷借、使用贷借、消费贷借、雇佣、承揽、居间、委托、寄托、合伙、隐名合伙、终身定期金契约、博戏及赌事、和解、债务约束及债务认诺、保证);第三章广告;

① 潘德克顿编制法(Pandekten System)是源于潘德克顿法学派的一种民法典编纂体例。潘德克顿法学派是十九世纪中期由以前的历史法学发展而来的一个学派,该学派由于制定法的重要性在当时受到普遍重视而推崇制定法至上主义。潘德克顿法学的代表学者是耶林(Rudolph von Jhering,1818—1892年)和温特夏德(Bernhard Windscheid,1817—1892年)等人。后来,温特夏德等人将潘德克顿法学的制定法至上主义、法律逻辑崇拜、成文法完美无缺及逻辑自足观念推向高峰,甚至为维持法律逻辑一贯性、体系性,不顾社会事实,无视社会的或法律的目的,从而使潘德克顿法学流于概念法学。

第四章发行指示证券;第五章发行无记名证券;第六章管理事务;第七章不当利得;第八章侵权行为。

第三编物权编共 7 章 339 条,分别是:第一章通则;第二章所有权(包括 4 节:通则、不动产所有权、动产所有权、共有);第三章地上权;第四章永佃权;第五章地役权;第六章担保物权(包括 5 节:通则、抵押权、土地债务、不动产质权、动产质权);第七章占有。

第四编亲属编共 7 章 143 条,分别是:第一章通则;第二章家制(包括 2 节:总则、家长和家属);第三章婚姻(包括 4 节:婚姻之要件、婚姻之无效及撤销、婚姻之效力、离婚);第四章亲子(包括 5 节:亲权、嫡子、庶子、嗣子、私生子);第五章监护(包括 3 节:未成年人之监护、成年人之监护、保佐);第六章亲属会;第七章扶养之义务。

第五编继承编共 6 章 110 条,分别是:第一章通则;第二章继承(包括 2 节:继承人、继承之效力);第三章遗嘱(包括 5 节:总则、遗嘱之方法、遗嘱之效力、遗嘱之执行、遗嘱之撤销);第四章特留财产;第五章无人承认之继承;第六章债权人或受遗人之权利。

自德国民法典诞生的那一天起,潘德克顿的五编法与《法学阶梯》三编法孰优孰劣的问题就一直在学术界争议不休。后世一般认为,德国民法典的五编法使整部法典体系更加合理,逻辑性更强。德国民法典在生效之时被认为是当时世界上最好的法典①,这与其科学合理的编制结构不无关系。

第四节　主要内容和特点的比较

作为中日民法近代化开端的标志,《大清民律草案》和日本"旧民法"与

---

① ［德］K.茨威格特、H.克茨:《比较法总论》,潘汉典等译,法律出版社 2003 年版,第 224 页。

两国以往的皇权专制法制相比，无疑具有鲜明的进步性；但与"自由""平等""人权"等资产阶级思想的要求相比，又具有相对的保守性和落后性；两部法典大量移植西方多个国家近代民法的内容，具有明显的杂糅性；立法时也吸收了一些独具本国特色的法律传统或法律习惯，具有一定的独创性。两部法典与两国民法近代化完成时期的民法典相比，具有显著的启蒙性。同时，两部法典又有着明显的相异之处。

一、进步性

《大清民律草案》与日本"旧民法"在体例上都克服了以往民刑不分、诸法合体的缺陷，初步形成独立的、系统的、完整的民法典，体现了一定的进步意义。然而，两部法典进步性的根本表现，则是其在内容上都确立和贯彻了近代民法的基本原则，从而奠定了近代法制的基础。

（一）确立了近代民法的人格平等原则

人格平等是近代民法产生和存在的基础。离开人格独立和平等的前提，保护私有财产所有权、契约自由、过失责任等原则根本就不能实现。

《大清民律草案》总则编第 4 条明确规定，"人于法令限制内得享受权利或担负义务"，草案为本条加附按语指出，"凡人（即自然人），无男女老幼之别，均当有权利能力，否则生存之事不得完全"。在第二章第二节"行为能力"的按语中又指出，"凡人既因其行为而有取得权利或担负义务之能力"。日本"旧民法"人事编第一章为"私权的享有和行使"，其第一条即明确规定"除法律规定的无行为能力者外，任何人均享有并可独立行使私权"。虽然《大清民律草案》和日本"旧民法"在亲属和继承两编对妻和子的权利进行了若干限制，但总的来说，仍以人格平等为基本原则。

（二）确立了近代民法的所有权制度

保护所有权人的私有财产原则是西方国家宪法的基石，也是民法的核心。《大清民律草案》关于所有权的条款，都从日、德民法典移植过来。其物权编第二章即关于所有权制度的专门规定。例如,第 983 条规定"所有人于法令之限制内得自由使用、收益、处分其所有物";第 984 条规定"所有人于其所有物得排除他人之干涉";第 986 条规定"所有人对于以不法保留所有物之占有者或侵夺所有物者,得回复之"。此外,关于民法上物的概念及范围,《大清民律草案》规定,"称物者谓有体物"(第 166 条),即占有一定空间的物体。在清朝,奴婢被看作畜产一类的物,民律草案中的"物"则已不包含奴婢,相比旧律无疑是一种进步。日本"旧民法"财产编和物权部分的第一章即所有权。其中第 30 条规定:"所谓所有权是指对所有物自由使用、收益和处分的权利。非依法律规定、双方合意或遗嘱不得对该权利进行限制。"以此确立了近代保护私有财产的原则。

(三)确立了近代民法的契约自由原则

契约自由是商品交换的必然要求,是近代人们相互联系的纽带,因此,被确立为古典资本主义三大民法原则之一。只有当人们从身份约束下解放出来,才有可能通过体现个人意志的契约进行经济交易和社会联系。因此,确立契约自由原则,无疑是民法近代化的重要表现之一。《大清民律草案》确立了契约自由的原则,第 513 条明确规定:"依法律行为而债务关系发生或其内容变更消灭者,若法令无特别规定,须依利害关系人之契约。"日本"旧民法"在财产编的债权部分明确确立了契约自由的原则,如财产编第 296 条规定,"所谓合意,是指不论物权或债权,二人或数人以权利的创设、转移、变更或消灭为目的而达成的一致意见",同条第 2 款规定,"当事人以创设债权为目的而达成的合意称为契约"。第 327 条规定,"当事人依法达成的合意与法律有同等效力;此合意非经当事人双方同意不能解除",第 328 条规定,"当事人根据普通法的规定可以达成合意并对其效力进行增减"。这充分表明契约的成立以当事人的自由意思一致为前提。此外,"旧民法"第 304 条和第 305 条还特别规定了合意的达成须依真实、合法的原因且当事人无被强制的情形,第 489 条和第 504 条又分别规定了当事人对合意的更改和基于合意对债务的免除。"旧民法"的这些规定既体现了契约自由中缔结（或不缔结）契约的自由、缔约方式的自由和决定缔约内容的自由，又体现了改变契约内容的自由等。

（四）确立了近代民法的过失责任原则

过失责任原则是古典资本主义民法的基本原则之一。关于民事责任的承担，《大清民律草案》在第一编总则的"责任能力"一节规定，凡"因故意或过失而侵害他人之权利者，于侵权行为须负责任"（第37条）；在第二编债权的"侵权行为"一节再次规定，"因故意或过失侵他人之权利而不法者，于因加害而生之损害负赔偿之义务"（第945条）。与之相似的是，日本"旧民法"财产编第370条规定，"因过失或懈怠对他人权利造成侵害者，对因此而产生的损害要负赔偿责任"，明确体现了民事责任的承担以过失为要件。可见，这两部民法典都确立了过失责任这一资本主义民法原则。

人格平等、私有财产神圣不可侵犯、契约自由和过失责任是世界上第一部近代民法典《法国民法典》所确立的民法基本原则，此后相继为各个近代国家所仿效。这四项基本原则的确立，是中日两国民法近代化的最突出的标志，也正是《大清民律草案》和日本"旧民法"进步性之所在。日本学者福岛正夫曾评价"旧民法"，说它"虽有或多或少的缺陷，仍是一部近代的资本主义社会的法典"①。

此外，《大清民律草案》和日本"旧民法"的进步性还体现在：两部法典都继受了诸如法人、法律行为、代理、时效、占有、不当得利等近代民法广泛使用的法律词汇，无论是在概念、术语运用上，还是在法典内容上，都实现了初步的近代化。以法人制度为例。设立法人制度是《德国民法典》的一大创举，"旧民法"在财产取得编第118条对法人制度进行了规定，"公司根据当事人的意思可以设立为法人"，在人事编第5条规定，"法人无论是公法人还

---

① ［日］福岛正夫：《日本近代法体制的形成》（下卷），日本评论社1982年版，第879页。

是私法人非经法律许可不得成立,非依法律规定不得享有私权"。此外,财产编的第 1 条、第 13 条、第 21 条、第 22 条、第 23 条、第 101 条、第 190 条,财产取得编的第 143 条和人事编的第 6 条等处均涉及对法人的有关规定。"旧民法"关于法人制度的规定被后来的明治民法继承和发展,清末修律时又被《大清民律草案》所吸收。《大清民律草案》在总则编第三章单独规定法人制度,分为通则、社团法人、财团法人三节,用了 100 多个条文对法人制度作了详细规定。如第 60 条规定"社团及财团,得依本律及其他法律成为法人";第 61 条规定"法人于法令限制内,有享受权利、担负义务之能力"等。

二、保守性

所谓保守性,主要是指两部民法典对皇权专制制度的妥协。《大清民律草案》和日本"旧民法"的保守性在亲属法和继承法上体现得尤为充分。

(一)关于亲属(族)的规定

《大清民律草案》集中体现了对皇权专制婚姻家庭制度的维护,其婚姻制度、家庭制度、继承制度中的许多规定与《大清律例》如出一辙。`

首先,与《大清律例》一样,《大清民律草案》采取家属主义。以此为出发点的亲属法,囿于宗法原则将亲属划分为宗亲、外亲、妻亲等类型,其范围、等次依服制图而定。不仅如此,民律草案还肯定了以父权和夫权为支柱的家长制度。词句虽然现代化了,但实际内容不过是旧律有关规定的翻版。

例如,《大清民律草案》规定,"凡隶于一户籍者为一家。父母在欲别立户籍者须经父母允许"(第 1323 条);"家长以一家中之最尊长者为之"(第 1324 条);"家政统于家长"(第 1327 条)。第 1327 条还就此说明:"此条是规定家长权之范围也。家长为一家之主宰,则家政理应由家长统摄,但家长既有统摄家政之权利,反之,则家属对于家长即生服从之义务。"《大清民律草案》还规定了与《大清律例》几无二致的亲权制度,如第 1374 条"行亲权之父母于必要之范围内可亲自惩戒其子或呈请审判衙门送入惩戒所惩戒之";第

1375 条"子营职业须经行亲权之父或母允许";第 1376 条"子之财产归行亲权之父或母管理之"。按法律馆解释:"子妇无私货、无私蓄、无私器之义,似乎为人子者,不应私有财产",其对个人自由的剥夺不亚于《大清律例》。

其次,在婚姻方面,"同宗者不得结婚"(第 1333 条)的规定直接源于《大清律例》,其他方面也多因袭。例如,"结婚须由父母允许"(第 1338 条);"夫须使妻同居,妻负与夫同居之义务"(第 1350 条);"关于同居之事务由夫决定"(第 1351 条)。在离婚问题上宽于男而严于女,根据第 1362 条规定,"妻与人通奸者"即行离婚;但夫只有因"奸非罪"被处刑者,妻才可以提起离婚。

再次,在夫妻地位上,《大清民律草案》规定妻为限制行为能力人,凡"不属于日常家事之行为须经夫允许"(第 27 条);"妻得夫允许独立为一种或数种营业者,……前项允许夫得撤销或限制之"(第 28 条)。以妻为限制行为能力人,充分表现了男尊女卑、夫为妻纲的封建传统,公然承认男女地位不平等。

"旧民法"在人事编规定了户主及家族、婚姻、亲子、亲权、监护、亲族会、抚养义务等项内容,保留了相当部分维护皇权专制家族制度和男女地位不平等的内容。

首先,"旧民法"保留了日本的家族制度和户主制度。人事编第 243 条规定:"户主是一家之长;家族是指户主的配偶及其家中的血亲和姻亲。"法典专章对户主的特权与家属成员的从属地位作了具体规定,强调户主在家族中的统治地位而完全无视家族成员的个人人格和权利。根据法典,凡以亲族关系而聚居者为家族,户主为家族之长,户主身份除法律规定的原因外不得变更,家族成员须在户主指定的地点居住,家族的婚姻或收养等重要事项须取得户主同意,否则户主可将其赶出家族,从而肯定了以男性为中心的传统家族制度。

其次,"旧民法"在婚姻关系上规定了夫权,确认了夫妻间的不平等关系。妻从属于夫,妻的行为能力受到限制。例如,妻子缔结任何有关自己的人身或财产契约,必须取得丈夫同意。如事先未获丈夫许可,丈夫可取消契约。妻子财产亦由丈夫管理,不许单独储存与动用。至于离婚,"旧民法"虽规定在"双方协议的基础上"能够离婚,但实际上主要取决于丈夫的意志。这些规定与《大清民律草案》的相关规定十分相似。

（二）关于继承的规定

皇权专制继承制度的核心是宗祧继承。《大清民律草案》虽然没有明列宗祧继承的条款,但在一些具体规定中清楚显示了宗祧继承与一般遗产继承的区分。譬如兼继承宗祧与财产者为继承人,仅承受遗产者为承受人。女儿有承受遗产权,但无继承权。妻子只有在夫亡无子守志的情况下才可以承受其夫应继之份为继承人。这些也是《大清律例》已有的规定。

在继承制度上,日本"旧民法"在财产取得编第 286 条明确规定,"继承有两种,即家督继承和财产继承",将日本封建社会的家督继承制度保留了下来,并详细规定了家督继承的原则、家督继承的顺位、隐居家督继承的特别规则等内容。家督继承沿用封建时期固有的户主权利和义务的继承,家督继承人不仅以户主名义继承姓氏、血统、贵族爵位,而且对系谱、世袭财产、祭具、墓地、商号及商标等有继承特权(财产取得编第 294 条)。家督继承的继承顺位原则是近亲优于远亲、男子优于女子、婚生子女优于非婚生子女、年长者优于年幼者(财产取得编第 295 条),由此使日本传统的继承制度得以延续。

值得一提的是,日本"旧民法"第一草案与通过颁布后的"旧民法"在人事编部分存在着重大差异。"最初的第一草案的人事编具有极强的欧洲市民法的色彩,然而法律调查委员会和元老院的多次修正的结果,是逐步增加封建的要素,导致其性质被根本地改变。"[1]所以说,最后通过并颁布的"旧民法"的人事编与颇具进步性的"旧民法"第一草案的人事编有着天壤之别,

---

[1] ［日］池田真朗:《日本民法典如何从博瓦索纳德民法典走向现行民法典》,载日本比较法史学会编集委员会:《救济的秩序和法》,日本未来社 1997 年版,第 230 页。

其封建色彩相当浓厚。

三、杂糅性

所谓杂糅性,这里包含两个层面的意思。

(一)博采兼取,吸收多个国家的先进法律成果

《大清民律草案》的前三编直接由日本法学家起草,后两编也主要是仿效日本,日本民法典对清末修订民律的影响自不待言,"尤其是前三编,说其是原封不动的日本民法亦不过分"①,"清末修律实质上是日本明治时期法律的中国化"②。同时,德国民法典的影响亦不容忽视。学者王立民通过对德国民法典与《大清民律草案》的比较,尤其是对关于限制行为能力的代理人问题和关于债权中受领迟缓问题的规定进行比较,认为两部法典的许多内容有相同或相似之处,断言《大清民律草案》深受德国民法的影响。一位德国学者也说,"德国的民法制度对中国产生了很大的影响,1911年中国的民法(指《大清民律草案》)吸收了很多德国民法典的内容"③。此外,从沈家本列举的翻译各国法律及法学论著的范围来看,几乎涵盖了当时各主要发达国家。其中既有属于英美法系的,又有属于大陆法系的,一定程度上反映了沈家本等修律者认真学习西方法律制度、兼收并蓄的决心和努力。

"旧民法"从编别、体裁和内容方面主要以法国民法典为蓝本,同时在具体的规定上参照了以法国民法典为母法的意大利民法、比利时民法、荷兰民法等法典的内容。尽管后人指责"旧民法"对当时最进步、最科学的德意志民法典第一草案、第二草案无甚借鉴,事实上这种指责是不科学的。例如,法国民法典中完全没有法人制度,可以说法人制度完全是德国民法典的独

---

① [日]岛田正郎:《清末近代法典的编纂》,日本创文社1980年版,第64页。

② 何勤华、殷啸虎:《中华人民共和国民法史》,复旦大学出版社1999年版,第15页。

③ Dr. K. A. Bünger, *Das Neue Chinesische BGB Seine Entstehungsgeschichte und Systematik*, *Blatte Für Internationalen Privatrecht* 6, (1931), p.267,转引自王立民:《清末中国从日本民法中吸取德国民法》,《法学》1997年第1期。

创,而"旧民法"在财产取得编第 118 条对法人制度进行了规定,"公司根据当事人的意思可以设立为法人",在人事编第 5 条又规定,"法人无论是公法人还是私法人非经法律许可不得成立,非依法律规定不得享有私权"。此外,财产编的第 1 条、第 13 条,第 21 条、第 22 条、第 23 条、第 101 条、第 190条以及财产取得编的第 143 条和人事编的第 6 条等处均涉及对法人的有关规定。再如,在法国民法典中,代理不是一个独立的制度,它与委任混淆不分。"旧民法"在财产取得编专设"代理"一章(第 11 章),分四节对代理的性质、代理人的义务、委托人的义务、代理的终了等进行了详细规定,这与参考借鉴德意志民法典草案不无关系。所以,不可否认,"旧民法"也吸收了德意志民法典草案中的一些合理内容。只不过,"旧民法"对德意志民法典草案以及对英美法系的借鉴和吸收,无论是在主观的重视程度上,还是在客观的继受规模上,根本无法与对法国民法典的借鉴和吸收相比。

(二)西方先进法律成果与本国法律传统杂糅一起

《大清民律草案》是中西法律文化相结合的产物,从中可以明显看出罗马法的影响,尽管这种影响通过德国、日本及瑞士民法间接发生。民律草案起草者一开始就注重引进先进的法学理论,采纳国际通行做法,大量吸收了西方近代民法制度,同时又注意与中国传统礼教相协调。因此,草案的民事主体制度、物权制度、债权制度等方面,贯彻近代法律精神,对传统法制与礼俗进行大胆的突破与抛弃,同时,在人事法上仍保留了传统礼教与文化习俗厚重积淀的痕迹。这种中西方法律文化的融合正反映了处于半封建、半殖民地时期的中国法律文化的时代特点,也表明两千余年的中国法律文化传统正在发生着向现代法制的转变。

日本"旧民法"亦是如此,既贯彻资本主义原则,又在一定程度上吸收了本国的法律传统,小作制度的保留即是一例。所谓小作制度,即佃耕制度。大化改新后的"乘田赁租制"是小作制度的最初形式,明治年间推行地税改革,但仍保持封建小作制的传统,否认直接生产者的土地所有权。"旧民法"

在维护这种封建土地关系的基础上,加强了对小作人(即佃户)利益的保护,同时对地主的土地所有权进行了一定的限制。例如,"旧民法"将地主和小作人之间的土地租借关系规定为物权,可以对抗所有权人,即使地主将土地出卖或转让给第三人,小作人的租借权可以对抗第三人的所有权。此外,在"旧民法"法典条文中,习惯的效力被广泛承认,特别是物权编明确规定了"有异于本条之规定者,从其习惯"。

四、独创性

所谓"独创性",指《大清民律草案》与日本"旧民法"虽然都在模仿西方近代民法典的基础上制定,但同时又在不同程度上继承了本国法律传统,在民法典中各自规定了一些独具特色的内容。

例如,在亲属制度方面,清末立法者考察了各国情况后指出:"中国今日社会实际之情形,一身以外,人人皆有家之观念存。同住一家者为家属,其统摄家政者为家长。现行于社会者既全然是家属制度,不是个人制度。而家长、家属等称谓散见于律例中颇多。又历代皆有调查户口、编查户籍之举。凡所谓户者,即指家而言。是于法律上又明认所谓家矣。以十八省皆盛行家属制度之社会,数千年来惯行家属制度之习尚,是征诸实际,观诸历史,中国编纂《亲属法》,其应取家属主义已可深信,再无疑义之留矣。"①然而,日本同样实施家庭本位原则,在当时情况下,照搬照抄也许更为容易,但清末立法者并没有这样做。《大清民律草案·亲属编》的起草,仍以中国现实为基本依据,其中许多内容,明显区别于日本的亲属制度。在中国,家庭与宗族(家族)是两个既密切联系、又相互区别的社会群体。而在日本,家庭与宗族(家族)在范围上基本一致。两种社会现实,表现在固有制度上也各有不同。中国有家庭制度,又有宗族制度;在继承方面,既有宗祧继承,又有

---

① 《大清民律草案·亲属法草案总则说明·取义》。

财产继承,而且二者遵循不同的原则,包括嫡长宗祧继承和诸子财产继承两种继承制度并行。而在日本,家庭与宗族为同一群体,"家"与"宗"为同一概念,在继承方面,实行单一的嫡长继承制度。基于中国与日本在传统观念、社会群体、固有制度等方面的分析,清末立法者提出,在亲属制度方面,必须以中国现实为根据,实施与日本不同的亲属、继承制度。

《大清民律草案》所规定的亲属会制度,亦是在采纳各国之长并继承中国民事传统的基础上制定的。草案亲属编第六章专门规定了亲属会制度,该章按语说:"亲属会者,就监护及其他法律所规定应行会议之事件,因本人并亲属及其他利害关系人之呈请而成立之议决机关也。吾国习惯,家庭之内遇有重要事件,则邀同族中及亲戚会议处理,但此不过为习惯上之事实,并非法律上之制裁,然既有此习惯,则关于亲属会如何召集、如何组织、如何决议,苟无法律规定,一任诸习俗之自然,恐流弊必在所不免,故欧洲诸国现行之法律,英、德、法、意大利、葡萄牙、西班牙、比利时皆设亲属会之规定,即日本民法亦如之。但各国民法凡亲属会之组织招集、决议等事均认审判官之干涉为多,惟揆诸中国情形则殊多未便,故除选定及招集事项外,其于决议一层不认审判官之干涉。"

日本"旧民法"虽然是以法国民法典为蓝本编纂而成,但它绝对不是法国民法典的简单模仿,无论是在编纂结构上,还是在具体内容上,"旧民法"都有其不同于以往法典的独创性。在编纂结构上,法国民法典将罗马法《法学阶梯》以来传统民法理论将民法划分为人法和物法的二分法发展为"人法、物法和债法"的三分法;博瓦索纳德又在此基础上将其发展为"财产编、财产取得编、债权担保编、证据编和人事编"这样的五编法,这种做法,既是对法国民法典的继承,又包含对法国民法典的突破。在具体内容上,"旧民法"亦有许多创新。例如,自罗马法以来,租赁关系中承租人的权利本属于债权,但博瓦索纳德认为租赁权的对抗力需要得到进一步的明确和加强,租赁权的抵押应该得到承认,应该赋予承租人物上诉权等,因此极力主张将租赁权作为物权规定。另外,将时效作为法律上的推定,在不动产物权变动中规定第一买主尽管没有登记也可以对抗第二买主等规定,都有别于传统的民法理论,显示出"旧民法"在立法上的突破和创新。

五、启蒙性

所谓"启蒙性",是指《大清民律草案》和日本"旧民法"分别是两国法制近代化初期制定的法典,尤其是作为两国民法近代化开端的标志,两法典处处带有启蒙特点,对法律概念的解释说明较多,有些地方的规定简直像教科书一样详细。

《大清民律草案》的启蒙性主要体现在草案条文之后的按语。草案每一条条文后均添加有按语,按语的内容是关于本条规定的立法理由,其解释说明比较详细,文字数量往往数倍于条文本身。例如,总则编第十条为"满二十岁者为成年人",该条所附按语指出,"自然人达于一定之年龄,则智识发达,可熟权利害而为法律行为。然智识程度如何,若以之为事实问题听审判官临时酌定,则遇有争讼须调查当事人之智识程度始得定之,既属困难,又虑诉讼迟延,本案采多数立法例及旧有习惯,认定满二十岁为成年,此本条所由设也"。通过按语,将立法者的意图阐释得清楚明白。

启蒙性的特点在日本"旧民法"中亦随处可见。例如,"旧民法"财产取得编第二部债权的第一章第一节即为"合意",第296条首先规定的合意的概念:"所谓合意,是指不论物权或债权,二人或数人以权利的创设、转移、变更或消灭为目的而达成的一致意见;当事人以创设债权为目的而达成的合意称为契约。"紧接着,"旧民法"用了整整七条来规定"合意的种类":第297条规定"合意分为单务合意和双务合意",并分别规定了单务合意和双务合意的概念;第298条规定"合意分为有偿合意和无偿合意",并分别规定了有偿合意和无偿合意的概念;第299条规定"合意分为诺成合意和实践合意",并分别规定了诺成合意和实践合意的概念;第300条规定"合意分为要式合意和不要式合意",并分别规定了要式合意和不要式合意的概念;第 301 条规定"合意分为实定合意和射幸合意",并分别规定了实定合意和射幸合意的概念;第 302 条规定"合意分为主合意和从合意",并分别规定了主合意和从合意的概念;第 303 条规定"合意分为有名合意和无名合意",并分别规定了有名合意和无名合意的概念。尽管每一条条文都相当精确和简洁,但从整体来看,对法律的概念和分类规定得如此详细未免有失繁琐。再如,"旧民法"在规定义务的种类时,首先将义务分为单纯义务、有期义务和附条件义务,并分别作出详细解释;其次将义务分为单一义务、选择义务和任意义务,并分别作出详细解释;然后将义务分为单数债权者或债务者的义务和复数债权者或债务者的义务,并分别作出详细解释;最后又将义务分为可分义务与不可分义务,并分别作出详细解释。"旧民法"中类似这两处的规定很多,限于篇幅不再一一列举。"旧民法"对法律概念规定得如此详细,实在可以将其当作一本民法教科书来读。

六、《大清民律草案》与日本"旧民法"的主要差异

比较完成于 19 世纪 90 年代的"旧民法"与完成于 20 世纪初的《大清民律草案》,两部法典最明显的差异即编制方法的不同,进而造成内容的差异。如前所述,《大清民律草案》由总则、债权、物权、亲属、继承五编组成;日本"旧民法"由财产编、财产取得编、债权担保编、证据编、人事编组成。"旧民法"长达 164 条的"证据编"是《大清民律草案》所不曾有的,而《大清民律草案》的亲属和继承两编的内容则一并规定在"旧民法"的人事编中。追根溯源,两部民法典之所以产生编制方法上的差异,其直接原因便在于两部法典编纂之时所参照的蓝本不同,即源自不同的母法。

日本"旧民法"是在法国人博瓦索纳德的帮助下进行起草的,法国民法典是日本"旧民法"的母法,这已成为不争的事实。然而,关于《大清民律草案》的历史继承性问题,国内学术界向来有不同意见。

　　部分学者认为,《大清民律草案》主要仿照德国民法典,故深受德国民法典的影响。早在中华民国时期,学者杨鸿烈就指出:"清末起草民律,以采资本主义国家最新、最现代的民法为立法原则,在《德国民法典》中找到了后出最精进的法理。"[①]学者王立民通过对德国民法典与《大清民律草案》的比较,尤其是对关于限制行为能力的代理人问题和关于债权中受领迟缓问题的规定进行比较,认为两部法典的许多内容有相同或相似之处,断言《大清民律草案》深受德国民法的影响。[②]

　　学者李秀清进一步提出:晚清民商立法主要借鉴的是大陆法系的德国法,而这种借鉴却是通过日本间接实现的。她认为:晚清政府进行民商立法时,邀请日本专家直接参与起草法案,翻译的外国民商法典及论著、出国学习法政的留学生也以日本的为最多。晚清政府法律改革好像就是以日本为直接的借鉴对象,但这仅仅是表面现象而已,实际吸收和移植的主要是德国的法律,属于典型的德国支系。[③]这可从下列三个方面加以说明。

　　首先,日本近代民商法本身主要是借鉴德国法的结果。就民法而言,日本近代初期,曾聘请法国专家博瓦索纳德指导民法典的起草工作,1890年以《法国民法典》为蓝本的"旧民法"公布。由于该法典在内容上过于法国化,尤其是有关家族法的内容不符合因明治维新的不彻底而保留大量封建残余的日本国情,因而遭到日本社会舆论的强烈反对,终被帝国议会决定延期实施。于是明治政府组织全部由日本人组成的民法典调查会起草颁布了明治民法,于1898年开始生效。这部法典是日本近代六法之一,其制定主要参照当时已公布的《德国民法典》草案,同时结合了日本国情。它是日本从仿照法国法转而学习借鉴德国法的成果之一,体例结构基本上与《德国民法典》相似,采用"潘德克顿"的五编制,编纂风格上也取自《德国民法典》。

---

① 杨鸿烈:《中国法律发达史》(下),上海书店1990年版,第906页。
② 王立民:《清末中国从日本民法中吸取德国民法》,《法学》1997年第1期。
③ 李秀清:《中国近代民商法的嚆矢——清末移植外国民商法述评》,《法商研究》2001年第6期。

《大清民律草案》借鉴的就是以《德国民法典》为蓝本的日本明治民法。就商法而言也同样如此。日本曾于1890年通过并公布了"旧商法",由于其脱离日本的国情和传统的日本商事习惯,故公布后不久也与"旧民法"一样遭到激烈的抨击。1899年通过并代替旧商法施行的明治商法,在继承日本传统商事习惯的基础上,主要效仿了1897年制定的《德国商法典》,同时还吸收了法国商法、英国商法的部分内容。对《大清商律草案》影响较大的即是这部明治商法。因此,无论是《大清民律草案》还是《大清商律草案》,追本溯源,主要效仿的均是德国的民法典和商法典。

其次,从民法典的具体结构上看。《德国民法典》的五编制,依次为总则、债权、物权、亲属、继承,《日本民法典》也为五编,依次为总则、物权、债权、亲属、继承。虽然其编名与德国的相同,但第二编与第三编的次序不同,并且《日本民法典》的物权编中有关土地所有权的规定所占篇幅较大。之所以如此,一般认为,这表明该时期日本的资本主义还不发达,封建关系仍严重存在,债权不像物权那样被重视。而《大清民律草案》的结构,同样采用五编制,不仅编名与《德国民法典》全部相同,而且各编次序也与之完全一样。当时的中国资本主义不比日本发达,封建关系也比日本更加严重,很难把民律草案的这一编排解释为清末的中国存在比19世纪末的日本更加重视债权法的土壤。因此只能将其解释为当时的法案起草者,即使他是来自日本,起草草案时实际借鉴的还是《德国民法典》更能令人信服。

最后,从民法典的基本内容看,它在许多方面与《德国民法典》也确有相同或相似之处。如关于限制行为能力人的代理人问题,《德国民法典》第165条规定:代理人所为或所受的意思表示的效力,不因代理人为限制行为能力人而受影响。《大清民律草案》第216条同样规定了这一内容:代理人或向代理人所为意思表示之效力并不因代理人为限制能力人而受影响。而查找《日本民法典》的"代理"一节(第99—118条),却找不到相关内容。再如关于债权中受领迟延问题,《大清民律草案》与《德国民法典》的规定也很相似。仅仅从内容上寻找法典的相似性本来并不能证明什么,但当与其他方面结合起来看时,这种相似性就不仅仅是偶然了。

清末中国之所以要通过日本借鉴德国的民商法,是有其原因的。虽然大陆法系近代民商法典的制定源于法国,但 19 世纪末德国民商法典在借鉴法国经验的基础上取得了青出于蓝而胜于蓝的成果,它更具系统性、条理性和现代性,用词规范,逻辑严谨,反映的内容更具有现代的特色。德国民商法典制定出来以后,借鉴它们制定本国的法典一度成为大陆法系各国的热潮。清末法律改革时,一方面看到了日本效仿德国建立近代法制所取得的成功,另一方面,日本与中国相距甚近,同洲同文,风土人情相近,当时精通德语的法律人才又比较短缺,而精通日语的法律人才却大有人在。因此,通过日本借鉴德国民商法是非常自然的事。此外,当时的修订法律馆经费紧张,加上急功近利的立法目的,这些也决定了除了效法日本借鉴德国法之外,确实没有其他更可行的办法了。

与上述观点不同,部分学者认为清末修律实质上是日本明治时期法律的中国化,并提供以下理由:第一,《大清民律草案》为日本学者松冈义正以日本民法典为蓝本,参酌德国民法典制定。第二,仅 1905—1908 年毕业于日本法政大学法律、法政科的中国留学生即达 778 人,这批留学生中包括胡汉民、杨度、居正、张知本等人;而 1872—1908 年赴欧美的公费法学留学生才几十人。此外,当时尚有许多日本人在国内任教习或顾问。第三,当时日本已经以德国法律为主要样本,创造了日本的法律术语、词汇。由于中日语言同文,故明治时期日本的法律术语通过翻译、法律词汇表和词典、在日本和中国的课堂用语及具体的编辑工作等多种渠道原样不动地进入中国语言。可以说,中国民法的大陆法系传统是由清末修律对日本法的全面继受开启的。①

---

① 何勤华、殷啸虎:《中华人民共和国民法史》,复旦大学出版社 1999 年版,第 15 页。

比较上述两种观点，笔者倾向于赞同后者，并进而认为日本明治民法才是《大清民律草案》的母法。理由为：

第一，日本自明治维新后，变法图强，国势蒸蒸日上，遂导致日清战争、日俄战争皆以日本的胜利而告终。这种情况既刺激和惊醒了国人，也为国人树立了一个良好的榜样。清末的变法先驱，无论是康有为、梁启超，还是沈家本、俞廉三，在选择立法的参照物时，首先把目光都投向了身边的日本。例如，沈家本曾向朝廷上奏道，"日本法系本属支那法系，而今取法于德、法诸国，其国势乃日益强盛，……唯日本特为东亚之先驱，为足以备呈明之采择"，这说明清末法制改革，其直接效法的对象就是日本。

第二，《大清民律草案》制定之时，所聘请而来指导立法实践的是日本法学专家，故草案深受日本法学家的影响。在借鉴的过程中，甚至出现由于误信日本法学者的观点而发生明显的移植偏差的情况。如基于日本学者松冈义正主讲京师法律学堂时提出的典权与不动产质权是相同的观点，物权编没有规定中国传统的典权制度，而仿效日本规定了不动产质权。其实，典权与不动产质权在性质和内容等方面有许多差异。①

第三，从清末所翻译的外国民法典来看，影响最大的当数《日本民法》，它是商务印书馆出版的 25 类 80 册 400 万字的《日本法规大全》中的一部分。当时的德国民法典译本有三种：商务印书馆编译的《德国民法典》和修订法律馆编译的《德国民法典》，这两种译本中均有大量日语词汇，说明它们是按照日本翻译的德国民法转译过来的。另外的一种译本即马德润翻译的《德国民法典》虽是直接从德语翻译而来，但该译本影响甚小，其翻译中与日语表达不同的词汇基本未被后世所沿用。

第四，在内容上，《大清民律草案》有相当部分内容与德国民法典相似，对这部分内容要区别情况分析。众所周知，日本明治民法在编纂之时，着重

① 李婉丽：《中国典权法律制度研究》，载梁慧星：《民商法论丛》（第 1 卷），法律出版社 1994 年版，第 384—388 页。

参考了德国民法典第一草案,因此日本明治民法深受德国民法典的影响。日本明治民法从德国民法典第一草案中继承和吸收的部分又通过日本法学家参与清末民法典编纂活动从而为《大清民律草案》所吸收。因此,三部民法典存在着相当数量相同或相似的规定,这是造成《大清民律草案》部分内容相似于德国民法典的主要原因。此外,《大清民律草案》中也确有个别规定与德国民法典相似却与日本明治民法不同,笔者认为,这种情况并不是《大清民律草案》参照德国民法典进行编纂的结果,而是 20 世纪初德国法学在日本国内风行一时的结果。自 19 世纪末开始,德国法学后来者居上,取代法国法学和英国法学成为日本的主流法学,日本以德国法为蓝本构建日本的六法体系,以德国司法为模板建立司法体系,在立法技术和思维方式上也模仿德国,甚至在司法实践中以德国法学理论解释日本法律。德国法学在日本法学界占据独一无二的统治地位,日本进入德国法万能时代,法学者言必称德国,有人甚至说"没有德国法学,就没有日本的法学"①。在这种情况下,松冈义正等人在本国自接受法学教育时起即深受德国法学的影响,在帮助中国制定民法典之时,可能认为德国民法典个别规定虽与日本民法典的规定不同,但比日本明治民法更加合理,因此将之吸收到《大清民律草案》之中。这种吸收,与其说体现了《大清民律草案》对德国民法典的借鉴,不如说体现了《大清民律草案》对日本当时主流法学思想的借鉴。

值得注意的是,《大清民律草案》虽有个别内容与德国民法典相似却与日本明治民法不同,却有更多内容与日本明治民法相似却与德国民法典不同,这也清楚揭示了《大清民律草案》与日本明治民法的师承关系。如,关于所有权,德国民法典第 903 条将所有权定义为:"以不违反法律和第三人的权利为限,物的所有人得随意处分其物,并排除他人的任何干涉。"这一定义

---

① 参见日本法学家末弘严太郎的发言,收于日本评论社编集局:《日本的法学》,日本评论社 1950 年版,第 81 页。转引自[日]北川善太郎:《日本法学的历史和理论》,日本评论社 1968 年版,第 12 页。

对所有权的内容缺乏明确说明。因此,之后的日本明治民法在所有权定义方面没有沿用德国的做法,而是吸收法国民法典的表述,把所有权定义为:"所有人于法令限制的范围内,有自由使用、收益及处分所有物的权利。"(第206条)《大清民律草案》第983条规定"所有人于法令之限制内得自由使用、收益、处分其所有物",与日本明治民法的规定如出一辙。

第五,在语言和词汇上,中日同文,中国近代许多法律词汇来自日本,甚至包括许多今天已不再使用的法学词汇。如,今日民法中广泛使用的"不当得利"一词,在《大清民律草案》中叫"不当利得"(债权编第7章),正来源于日本明治民法债权编第四章"不当利得"的规定。相同的法律用语从一个侧面反映了《大清民律草案》脱胎于日本明治民法的事实。

第六,《大清民律草案》各编的编排次序,确实与德国民法典相同而与日本明治民法相异,这是因为,日本明治民法在编排结构上的模仿对象是德国撒克逊法典而不是德国民法典第一草案。之所以做出这种选择,穗积陈重、富井政章、梅谦次郎三位起草委员向伊藤博文提交的《法典调查规程理由书》对此解释说,仅仅因为关于获得或丧失物权的内容大多规定在债权中就认为把债权放在物权前面是一种自然顺序的观点并不令人信服。而且,债的内容中有关所有权和其他各种物权的内容非常之多,因此将物权编规定在债编之前更方便人们对债编内容的理解。日本明治民法将物权编置于债权编之前,这种编排方式,并非出于纯理论的考虑,而是采用实用论的结果。[1]事实上,德国民法典制定之初也是采用物权在前、债权在后的编排模式。1874年9月23日德意志第一委员会第四次会议决定法典以总则为首,其后是物权法,然后再是债权法,依此顺序编排。[2]至于在

---

[1] 《法典调查规程》,转引自[日]福岛正夫:《穗积陈重立法关系文书的研究》,日本信山社1989年版,第114页。

[2] Vgl. Schubert, Materialien zur Entstehungsgeschichte des BGB, 1978, S.214ff.转引自[日]冈孝:《日本和德国民法典比较素描》,载日本《法律时报》(第71卷)1999年第4号。

什么时候、因何种理由变成后来德国民法典债权在前、物权在后的情况，至今尚不明了。①《大清民律草案》之所以吸收了德国民法典的编排模式，很可能亦起因于 20 世纪初德国法学在日本国内强有力的影响。

综上，《大清民律草案》尽管由于日本明治民法的桥梁关系间接受到德国民法典的影响，但其母法无疑应属日本明治民法。

第五节　影响和评价

后世学者对《大清民律草案》的评价，可谓褒贬不一。

有人认为，虽然《大清民律草案》的制定者声称其立法原则之一是"求最适于中国国情之法则"，并在制定前进行了广泛的民商事习惯调查，但实际处理外来法律与本国国情相结合方面未能尽如人意，尤其是不顾本国实际而盲目抄袭别国法律。如，规定土地债务、不动产质权等，本为我国旧有习惯所没有。采用法律婚主义等，又明显离当时现实条件甚远。这种规定仿佛空中楼阁，既无根基又难于理解。反之，对我国传统习惯上有的"老佃""典权"等却缺乏规定，显出编订者对我国实际情况研究欠深。因此，1923年（民国十二年），杨元洁在为《中国民事习惯大全》所作"序"中指出："溯自前清变法之初，醉心欧化，步武东瀛，所纂民律草案大半因袭德日，于我国固有之民事习惯考证未详，十余年来不能施行适用。"北洋政府时期曾对《大清民律草案》加以修正，据江庸说，原因有三："（1）前案仿于德日……；（2）前案多继受外国法，于本国因有法源，未甚措意。如民法债权编于通行之'会'，物权编于'老佃'、'典'、'先买'，商法于'铺底'等全无规定。而此等法典之得失，于社会经济消长盈虚，影响极钜，未可置之不顾。（3）旧律中

① ［日］冈孝：《日本和德国民法典比较素描》，载日本《法律时报》（第 71 卷）1999 年第 4 号。

亲属、继承之规定,与社会情形悬隔天壤,适用极感困难,法曹类能言之,欲存旧制,适成恶法,改弦更张,又滋纠纷,何去何从,非斟酌尽美,不能遽断。"①

持不同意见者认为,清末修订法律馆一面遴选馆员分赴各省进行民商事习惯调查,一面派员渡洋赴日研习法律或聘请外国专家随时咨询。《大清民律草案》就是"依据调查之资料、参考各国之成例、斟酌各省之报告、详慎草订"而完成的。在起草民、商法时,"清末立法机关(修订法律馆)对'各省习惯'与'各国成例'几乎给予了同等的重视"②。"清末民刑律的制定,既考虑到中国的旧法,又参考了东西方资本主义的新法,既考虑到近代资本主义工商业的发展,又看到了广大农村自然经济的存在,既考虑到外国的最新法例,又考虑到中国农村的风俗习惯。"③

笔者认为,作为中国民法近代化开端标志的《大清民律草案》固然存在诸多不足,但是,对包括制定《大清民律草案》在内的整个清末法制改革在中国法制近代化历史进程中的重要地位和积极意义不可低估。清末法制改革首开中国法制近代化之端,不仅宣布了在中国沿袭数千年来公法与私法不分的中华法系的解体,在法律结构形式上勾画出了中国近代法律体系的轮廓,而且从实际内容上来看,清末立法者也曾力图吸取西方法中体现自由、权利、平等及保障当事人诉讼权利等原则的一些做法,虽然客观地说,这些制度或原则并没有真正落实,诚如罗兹曼所言:"在清朝的最后十年里,中国曾以许多仿照西方模式的新式而带有试验性的知识,去取代旧的帝国政府的许多制度设施。这种改革的复杂步调既揭示出了某种理性的发展,也显露出了一些意想不到的情形。首先,新制度是有其名而无其实。这些

---

① 谢振民:《中华民国立法史》,台湾正中书局 1937 年版,第 905—906 页。
② 胡旭晟:《20 世纪前期中国之民商事习惯调查及其意义》,载中华民国南京国民政府司法行政部:《民事习惯调查报告录》(上册),中国政法大学出版社 2000 年版,"序言"第 11 页。
③ 华友根:《中国近代法律思想史》(下册),上海社会科学院出版社 1993 年版,第 239 页。

制度渐渐地,但却从来没有完全地获得实质性的发展;但是,这头几步的重要性与其说是在于它们实现了什么永恒的东西,不如说在于它们和过去决裂了。"①

《大清民律草案》作为中国民法法典化和近代化的尝试,不仅开创了中国近代民事立法的先河,而且也并未因为清王朝的覆亡就成为一堆废纸。"它基本反映了在自给自足的自然经济瓦解的半殖民地半封建社会,发展商品经济、保护私有财产的需要,因而成为中国半殖民地半封建社会民法典的蓝本"②。《大清民律草案》虽遭未及通过即告"流产"的命运,但它对后来北洋政府时期《民律草案》和南京政府时期《中华民国民法》的起草则有着重要的影响。

中华民国成立后,初期的民法编纂工作,完全以《大清民律草案》为蓝本。北洋政府 1925 年公布的《民律草案》(又称"第二部民法草案"或"民二草",见本书第三章),除第二编债编改动稍多以外,基本上是对《大清民律草案》的照搬照抄。至于其后的《中华民国民法》,也并非另立炉灶,而是对前两部草案多有参照,注重修正,于总结经验的基础上得以完成。③同时,"《大清民律草案》的起草,也使得国人在观念上受到了一次民法理论的启蒙教育,在过去长期地封建专制的统治下,重公权、轻私权,造成了中国人私权观念的缺乏。通过起草民法,用集中统一的民法典的形式来维护私权,无疑提高了人们的权利意识。"④

学者梁慧星在评价《大清民律草案》时说:"通过这一民法典草案,大陆法系民法尤其是德国民法的编纂体例及法律概念、原则、制度和理论被引入中国,对现代中国的民事立法和民法理论产生了深远的影响,且充分显示我

① ［美］G.罗兹曼主编:《中国的现代化》,江苏人民出版社 1988 年版,第 345—346 页。
② 薛梅卿、叶峰:《中国法制史稿》,高等教育出版社 1990 年版,第 344 页。
③ 叶孝信:《中国民法史》,上海人民出版社 1993 年版,第 608—641 页;潘维和:《中国近代民法史》,台湾汉林出版社 1982 年版,上卷第 112—130 页,下卷第 89—96 页。
④ 朱勇:《中国法制通史》(第 9 卷),法律出版社 1999 年版,"序言"第 2 页。

中华民族如何在外来压力之下,毅然决定抛弃固有传统法制,继受西方法学思潮,以求生存的决心,挣扎和奋斗。"①这一评价,当属公允。

日本对"旧民法"的评价亦争议很大。从"旧民法"尚未通过时起,国内便开始爆发激烈的争论。以英国法学派为核心的延期派批判"旧民法"照抄法国民法典,没有体现日本民族性,不适合日本国情,不仅对日本固有风俗习惯未能很好地考虑和继承,反而破坏了本国的淳风美俗。此外,延期派还指出"旧民法"结构混乱、条文存在立法技术欠缺、内容与商法不统一等等许多不足,因此主张对"旧民法"暂缓实施。与之相对应,以法国法学派为核心的断行派则对延期派的主张加以反击,开展法典拥护运动,主张"旧民法"如期实施。延期派和断行派对"旧民法"的评价存在天壤之别。

归纳法典论争中延期派对"旧民法"的批判,主要有以下几点:①有许多与风俗习惯相悖的规定;②只参照法国和意大利民法典,对近来最进步的民法典未加参照;③与商法相矛盾和重复的地方太多,二者缺乏统一性;④违反概括性规定,矛盾、重复和遗漏地方太多;⑤未能严守私法和实体法的界限,属于公法和程序法的规定很多;⑥定义、说明和引例等不必要的规定太多,使条文繁杂,不符合法典的体裁;⑦法典用语有翻译味道,不够明了。针对上述指责,博瓦索纳德曾辩解说,第①项反对意见是基于与自然法学派相对立的历史法学派的观点而得出的结论;第②④⑤项反对意见不能不说是站在德国民法典草案的角度、抱着德国民法典至上的念头而评论的,如果这样的话,那么批判"旧民法"的矛头所指,并不是"旧民法"的内容,而是"旧民法"继受法国民法典的事实。换而言之,即共和制下颁布的法国民法典与日本君主制的国情不相适合的问题。然而实际上,法国民法典自颁布以来到今天为止,帝制时期比起共和时期还要长,但法国民法典的适用却不存在任何问题。②

---

① 梁慧星:《民法总论》,法律出版社1996年版,第17页。
② [日]水井浩、平井一雄:《日本民法学史·通史》,日本信山社1997年版,第75—76页。

对于"旧民法"的争论和批评在日本帝国议会通过延期法案后基本偃旗息鼓。随着明治民法的制定和颁布,"旧民法"也逐渐为人们所淡忘,但是"旧民法"在日本法制史上的作用和它对后世的深远影响不容忽视。

一是"旧民法"对明治民法的影响。

"旧民法"被延期后,明治政府组织编纂新民法典的第一项方针是:"对既成法典的各条款进行查复,给予必要的修补和删正。"①法典调查被限定于对"旧民法"的条文进行检讨并给以必要的修正这一范围之内。可见,新民法典的编纂,并非抛开"旧民法"、重新制定一个全新的民法,而是以"旧民法"为基础,通过对"旧民法"进行一定修正而创立新民法。日本学者杉山直次郎断言:"我国明治维新后最初的民法并非正式实施的新民法典,而是博瓦索纳德起草的法典。……如果没有旧民法,新民法典能在短短三年之内完成是不可能的。"②日本民法学家星野英一在其著作《民法·财产法》中说:"对民法制度和条文进行详细检查就会发现,直到今天,至少一半甚至超过一半的民法内容受到法国民法的影响。"③还有学者给日本民法制定过程做了一个恰当的比喻:"民法典成立这部戏共有两幕,第一幕即'旧民法'制定的时期,第二幕是明治 26 年后以法典调查会为舞台的时期。不把两幕戏放在一起是无法深入理解民法典的。"④从这一方面说,"旧民法"在立法史上的价值和作用实在不可忽视。

二是"旧民法"对法学的影响。

"旧民法"及其草案对明治初期日本法学,尤其是日本国内法国法学的繁荣起到了巨大的促进作用。众所周知,日本最早系统翻译的外国法是箕

① [日]石井紫郎:《日本近代法讲义》,日本青林书院新社 1972 年版,第 103 页。
② [日]杉山直次郎:《洋才和魂的法学者博瓦索纳德尽瘁半生的生涯》,《帝国大学新闻》1936 年 11 月 26 日。
③ [日]星野英一:《民法·财产法》,日本放送大学教育振兴会 1994 年版,第 30—31 页。
④ [日]大久保泰甫、高桥良彰:《博瓦索纳德民法典的编纂》,日本雄松堂出版社 1999 年版,第 2 页。

作麟祥翻译的法国法,日本最早设立的明法寮亦是讲授法国法的法律学校,从明治初年到明治中期,日本国内法国法学派人才辈出,著述丰富,并作为日本正统法学派在学术界占据重要地位,所有这一切与这一时期"旧民法"的作用不无关联。同时,"旧民法"所参照的对象不仅有法国民法典以及同系的意大利民法典、比利时民法典、荷兰民法典等,对德国民法典草案和英美法律均有一定参照,因此,"旧民法"的编纂,从一个侧面上也促进了日本国内学者对英国法学、德国法学的研究和发展。

三是"旧民法"对司法实践的影响。

明治政府为规范民事案件的审理,于 1875 年发布太政官布告第 103 号《裁判事务心得》,其中第 3 条规定:"民事审判无成文规定时依习惯、无习惯时依条理进行。"事实上,裁判官在司法实践中经常会遇到既无成文法律规定、又无民事习惯可依的情形,在当时日本国内法国法学一派繁荣的情况下,"旧民法"及其草案无疑成为裁判中的法理依据,在明治初期的司法实践中发挥着重要的影响。

"旧民法"既是日本民法近代化的奠基石,又是日本民法近代化历史进程中一块重要的里程碑。"旧民法"的起草者博瓦索纳德被誉为日本近代法之父①,这既是对博瓦索纳德本人的最高赞赏,也隐含了对"旧民法"历史地位的高度评价。

---

① 〔日〕大久保泰甫:《日本近代法之父——博瓦索纳德》,日本岩波书店 1998 年版。

第三章
中国民法近代化的发展
——北洋政府《民律草案》

中华民国北洋政府时期,曾设立法律编查会(后改为修订法律馆),进行民律的起草和修订。1926年,修订法律馆完成全部民律草案的起草工作,这部民律草案共5编1522条,是继《大清民律草案》之后中国历史上第二部比较完整的民法典草案,史称"民二草"。虽然这部民律草案由于政治的原因而未能得以通过,但一方面,民国司法部曾通令各地法院将其作为条理适用,对当时的司法实践起到了一定的指导作用,另一方面,这部民律草案上承《大清民律草案》、下启《中华民国民法》,在历史上起到了重要的过渡性作用,"是中国近现代民法发展史上的一个重要里程碑"①,其诸多内容为后来制定《中华民国民法》提供了宝贵的借鉴。有鉴于此,本书专辟一章,将这部草案的制定作为中国民法近代化进程的一个组成部分和不可忽视的重要环节进行研究。

第一节 立 法 背 景

从法律与社会的关系来看,法律不是一种孤立的存在,而是社会现实的

① 张晋藩:《中国民法通史》,福建人民出版社2003年版,第1147页。

反映,其存在和发展必然深受社会政治、经济、文化、思想等诸多要素的影响。一旦孕育法律的社会母体发生重大的变化,法律总是要随之而发生相应的变化。可以说,有着什么样的立法背景,就会有什么样的立法。

一、政治背景

北洋政府《民律草案》诞生于一个社会急剧变革的时期。辛亥革命推翻了清王朝的专制统治,结束了两千多年的封建帝制,在中国历史上建立起第一个资产阶级民主共和国。后来虽然发生了袁世凯复辟、张勋复辟这两次逆历史潮流而行的恢复帝制事件,但都在声势浩大的反独裁、反专制浪潮中迅速失败,民主共和政体最终得以在形式上延续下来。政治体制从清末君主专制体制一跃而成为中华民国的民主共和体制,这成为推动北洋政府时期民事法律发展的政治基础。民国以来各个时期的宪法性文件,至少在形式上都规定了"人民主权"和"法律面前人人平等"的原则。然而,中国传统法律维护封建宗法制度和等级秩序,民事权利因身份的不同而有差别,这些规定和做法都与民国的政治体制相悖,势必要在新的历史条件下加以变革。

二、经济背景

正如马克思所说:"无论是政治的立法或市民的立法,都只表明和记载经济关系的要求而已。"①因此,经济发展状况是制约立法发展的根本因素。与北洋政府时期的政治转型相对应,中国传统农业社会在这一时期开始发生质的蜕变。军阀割据,战争不休,致使农业衰退,农民破产。与此同时,由于第一次世界大战的爆发,各主要帝国主义国家忙于互相厮杀,暂时放松了对中国的压迫,加之民国政府推行了一系列鼓励设立公司、扶植和保护工商业发展的政策法令,使中国民族工商业得到了相当的

---

① 《马克思恩格斯全集》(第 4 卷),人民出版社 1958 年版,第 121—122 页。

发展,尤其是纺织、玻璃、造纸、面粉等轻工业及商业发展迅速,金融业在该时期也一度兴盛。①经济的近代化为法律的近代化奠定了基础。

三、思想观念

自中华民国成立以来,近代资产阶级民主共和的观念得到广泛传播,"人民主权""基本人权""三权分立""法治原则"等思想影响深远,袁世凯和张勋二人的复辟运动遭到全国上下异口同声的谴责并迅速失败即是最好的明证。但值得注意的是,在西方近代资产阶级思想广为传播的同时,传统落后的思想观念仍然拥有巨大的市场和深厚的影响。社会观念的主流仍然以旧的传统礼教为皈依,北洋政府的各项法令亦大力维护传统的道德观念和伦理秩序。1913年10月北洋政府的《宪法草案》规定"国民教育以孔子之道为修身大本"。1914年政府制订的《教育纲要》规定各学校"均应崇奉古圣贤……尊孔尚孟"。北洋政府于1914年提出的《刑法草案修正要旨》声称:"中国数千年来,以礼教立法,昔人所谓礼之所去,刑之所取,则立法自必依乎礼俗。"在北洋政府的支持下,各地士绅纷纷成立"孔教会"或"尊孔会",一时间"尊孔复古"的逆流大行其道。面对这种情况,一部分资产阶级和小资产阶级激进分子,高举民主和科学的大旗,对封建旧礼教、旧思想、旧传统、旧文化发起了猛烈的冲击,一场影响深远的新文化运动由此展开,关于中西文化的论争在此时达到了高潮。

四、民律制定与治外法权

无论是清末修律,还是民国政府进行民事立法,收回治外法权都是一个非常明显、直接的目的。1919年,第一次世界大战各主要参战国在巴黎召开和会,中国代表趁此机会提出撤销领事裁判权的问题,但西方列强以中国

---

① 翦伯赞:《中国史纲要》,人民出版社1995年版,第463—465页;许庆朴、张福记:《近现代中国社会》(上册),齐鲁书社2002年版,第227—235页。

法律未臻完备为由不予理睬。1922 年华盛顿会议召开,中国代表再次提出收回治外法权的问题,与会列强答应组成各国联合考察团,考察中国法治状况后再做决定。北洋政府正是在这样的背景下积极投身于民法典的立法之中的。

第二节　民事立法和司法实践

一、民国继续适用现行律民事部分

中华民国成立之初,百废待兴。司法部总长伍廷芳向临时大总统孙中山上书称:"窃自光复以来,前清政府之法规既失效力,中华民国之法律尚未颁行,而各省暂行规约,尤不一致。当此新旧递嬗之际,必有补救方法,始足以昭划一而示标准。本部现拟就前清制定之民律草案、第一次刑律草案、刑事民事诉讼法、法院编制法、商律、破产律、违警律中,除第一次刑律草案关于帝室之罪全章及关于内乱罪之死刑,疑难适用外,余皆由民国政府声明继续有效,以为临时适用法律,俾司法者有所根据。"①

根据伍廷芳的上书,孙中山于 1911 年 3 月向参议院提出《大总统请适用民刑法律草案及民刑诉讼法咨参议院议决文》称:"查编纂法典,事体重大,非聚中外硕学,积多年之调查研究,不易告成。而现在民国统一,司法机关将次第成立,民刑各律及诉讼法均关紧要,该部长所请,自是切要之图。合咨贵院请烦查照前情,议决见复可也。"②

不久,参议院议决后答复:"……经本院于四月初三日开会议决,佥以现在国体既更,所有前清之各种法已归无效,但中华民国之法律,未能仓猝一

① 伍廷芳:《伍廷芳集》(下册),中华书局 1993 年版,第 510—511 页。
② 见民国元年三月廿四日第四十七号《临时政府公报》,转引自中国台湾地区"司法行政部民法研究修正委员会"《中华民国民法制定史料汇编》,"司法行政部总务司"1976 年版,第 1 页。

时规定颁行,而际此新旧递嬗之交,又不可不设补救之法,以为临时适用之资。此次政府交议,当新法律未经规定颁行以前,暂酌用旧有法律,自属可行。所有前清规定之法院编制法、商律、违警律及宣统三年颁布之新刑律、刑事民事诉讼律草案,并先后颁布之禁烟条例、国籍条例等,除与民主国体抵触之处应行废止外,其余均准暂时适用。惟民律草案,前清时并未宣布,无从援用。嗣后凡关民事案件,应仍照前清现行律中规定各条办理。"①

可见,清末编纂的《大清民律草案》并没有得到真正的适用,民国初期对于民事案件所适用的仍是清末现行律民事部分,其主要内容包括两部分:第一部分是服制图,包括丧服总图、本宗九族五服正服之图、妻为夫族服图、妾为家长族服之图、出嫁女为本宗降服之图、外亲服图、妻亲服图、三父余母服图等。第二部分是大清现行刑律中的民事条款,主要涉及服制、名例、户役、田宅、婚姻、犯奸、钱债等规定。当时的民事判决可径行引用大清现行刑律中的民事规定进行裁判,如《大理院判例汇编》记载的大理院三年上字第304 号判例即明确指出:"民国民法典尚未颁布,前清现行律除与国体及嗣后必行成文法相抵触之部分外,当然继续有效。至前清现行律,虽名为现行刑律,而除刑事部分外,关于民商事之规定,仍属不少,自不能以名称为刑律之故,即误会其为已废。"

二、民事法特别规定

北洋政府在暂时适用现行刑律民事部分解决民事争议的同时,也根据形势发展的需要制定了一些单行的民事法律法规。

1.《验契条例》

《验契条例》于1913 年1 月11 日发布,是专为查验不动产旧契、确定权利关系而制定,共17 条。该条例将契约分为新契和旧契,新契是指该条例

---

① 罗志渊:《近代中国法制演变研究》,台湾正中书局1976 年版,第252 页。

公布后所立之契约,旧契是指该条例公布前所立之契约。不仅新契要依现行契税条例纳税,而且"凡旧契除已经呈验交费外,均须一律呈验",交纳查验费和注册费。

2.《契税条例》

《契税条例》于1913年1月11日发布,共12条。《契税条例》对卖契和典契规定了比较详细的税额和征收办法,并对违法行为明确规定了严厉的惩罚措施。可见,北洋政府推行《验契条例》和《契税条例》,除了加强对不动产监督和管理的目的之外,加强税收征管、增加财政收入的目的亦很明显。

3.《清理不动产典当办法》

《清理不动产典当办法》于1914年10月9日发布,共10条。该办法是为解决不动产典卖制度中出现的越来越多的民事纠纷而制定的单行规章,它为规范当时的回赎、绝卖、找赎行为提供了法律依据。

4.《管理寺庙条例》

《管理寺庙条例》于1914年10月29日发布,后于1920年5月20日修正,共五章24条。其编制结构为:第一章总则、第二章寺庙之财产、第三章寺庙之僧道、第四章罚则、第五章附则。

5.《法律适用条例》

《法律适用条例》于1917年8月5日发布,共七章27条。其编制结构为:第一章总则、第二章关于人之法律、第三章关于亲族之法律、第四章关于继承之法律、第五章关于财产之法律、第六章关于法律行为方式之法律、第七章附则。《法律适用条例》实际上就相当于现在国际私法领域的准据法,规定了不同法律适用问题。该条例第一条即明确规定"依本条例适用外国法时,其规定有背于中国公共秩序或善良风俗者,仍不适用之",显示出立法者对本国公序良俗的重视。

6.《不动产登记条例》

《不动产登记条例》于1921年5月21日发布,共四章136条。其编制结构为:第一章总纲、第二章登记簿册、第三章登记程序、第四章登记费。《不动产登记条例》首先在总纲部分明确规定,一切官产、公产、民产、前清皇室私产、旗产及其他特标名义之官公产,其所有权、地上权、永佃权、地役权、典权、抵押权、质权、租赁权等权利中的任何一项之设定、保存、转移、变更、限制、处分或消灭,均应进行登记。不动产物权不经登记,不能对抗第三人。其次,《不动产登记条例》规定各地审判厅或县公署作为登记部门应设立登记簿,并对登记簿册的分类、格式、内容、用纸、管理等事项进行了比较详细的规定。再次,《不动产登记条例》用了59条条文详细规定不动产登记的一般程序,然后再分别对所有权登记程序和所有权以外权利登记程序进行了规定。最后,条例具体规定了不同登记事项所应缴纳的费用。《不动产登记条例》是我国近代法制史上关于物权登记的一部比较系统、完整的法律文件。

除单行的民事法律法规外,当时解决民事案件的一些法律解释和民事判例亦不少见。如关于民法施行前以十六岁为成年之判例及解释就有大理院三年上字第797号判例、大理院统字第229号函(民国四年四月八日大理院复京师地方审判厅函)、大理院五年上字第833号判例、司法部复外交部咨、大理院八年统字第942号解释等。通过这一系列的判例和解释,逐渐明确,年满十六岁为成年,具有完全行为能力。

三、亲属法草案

1915年北洋政府法律编查会起草完成了《民律亲族编草案》。

《民律亲族编草案》共七章141条,其编制结构为:第一章通则;第二章家制,只有一节总则;第三章婚姻,共四节,即婚姻之要件、婚姻之无效及撤销、婚姻之效力、离婚;第四章亲子,共五节,即亲权、嫡子、庶子、嗣子、私生子;第五章监护,共三节,即未成年人之监护(包括监护之成立、监护之职务、监护之终止三款)、成年人之监护、保佐;第六章亲属会;第七章扶养之义务。

对比《大清民律草案》，就会发现《民律亲族编草案》与其一脉相承。从篇章结构上看，除《民律亲族编草案》第二章"家制"少了"家长与家属"一节外，其他各章节结构均与《大清民律草案》不差分毫。从内容上看，《民律亲族编草案》的绝大多数条款系原封不动地照抄《大清民律草案》，只有少数几个地方做了变动。如《民律亲族编草案》第二章"家制"虽然比起《大清民律草案》少了"家长与家属"一节，但其实际上是将《大清民律草案》该章的两节内容合并规定在了"总则"一节中。而且，除原有内容之外，《民律亲族编草案》又增加了一些关于家产的规定，这部分内容被后来北洋政府《民律草案》发展为单独的"家产"一节规定在亲属编"家制"一章中。

《民律亲族编草案》对北洋政府《民律草案》的制定具有一定的借鉴作用。但是，如果由此就把《民律亲族编草案》看作北洋政府《民律草案》亲属编的主要参照系，似乎也不太妥当。因为，对《民律亲族编草案》与《大清民律草案》的相异之处，北洋政府《民律草案》较多采纳的是后者而非前者。例如，《大清民律草案》亲属编首条在以列举方式规定了亲属的范围后，第二款补充规定道"父族为宗亲，母族及姑与女之夫族为外亲，妻族为妻亲"。该第二款在《民律亲族编草案》中被删除，而在北洋政府《民律草案》中则被恢复。再如，关于结婚年龄，《大清民律草案》规定"男未满十八岁、女未满十六岁者，不得成婚"；《民律亲族编草案》规定"男未满十六岁、女未满十五岁者，不得成婚"；北洋政府《民律草案》则完全因袭了《大清民律草案》的规定。因此，笔者认为，北洋政府《民律草案》制定的主要参照物仍是《大清民律草案》。

第三节 立 法 过 程

《大清民律草案》固然是由于清政府的迅速崩溃而招致破产的命运，但就其本身来讲,也颇遭诟病。据民国修订法律馆总裁江庸提出的《大清民律草案必加修正之理由》称:"(一)前案仿于德日、偏重个人利益,现在社会情状变迁,非更进一步以社会为本位不足以应时势之需求;(二)前案多继受外国法,于本国固有法源,未甚措意。如民法债权篇于通行之'会',物权篇于'老佃'、'典'、'先卖',商法于'铺底'等全无规定,而此等法典之得失,于社会经济消长盈虚,影响极巨,未可置之不顾;(三)旧律中亲属、继承之规定,与社会情形悬隔天壤,适用极感困难,法曹类能言之。欲存旧制,适成恶法,改弦更张,又滋纠纷,何去何从,非斟酌尽美,不能遽断。"

1914年,北洋政府法律编查会开始进行民律草案的制定工作,本书前面所提到的1915年的《民律亲族编草案》即是其编纂的成果。法律编查会隶属司法部,以司法部长为会长,并由会长聘任副会长及编查顾问等人。先后任会长、副会长者有梁启超、章宗祥、汪有龄、董康、王宠惠等人。1918年法律编查会改为修订法律馆,置总裁、副总裁,并设总纂、纂修、调查各员。董康、王宠惠、罗文干、江庸、马德润、余棨昌、石志泉等人相继任总裁。①

修订法律馆参照中国历史上第一部民法典草案《大清民律草案》,并积极参考西方各发达国家民法典,进行民法典的起草工作。具体分工是:总则由大理院院长余棨昌负责,债编由修订法律馆副总裁应时、总纂梁敬錞负责,物权编由北京大学教授黄右昌负责,亲属和继承两编由修订法律馆总纂高种和负责。②

修订法律馆还进行了各省民商事习惯的调查。1918年修订法律馆成立之时公布的《修订法律馆条例》第一条即规定:"修订法律馆掌编纂民刑事各法典及其附属法规,并调查习惯事项。"其实,在这之前,由于审判实践中可供援引的民事法规实在太少,北洋政府曾于1915年发布"通饬",要求各审判庭长率民庭的推事调查各地习惯,并在开庭审理时注意邀请当地知名

---

① 参见谢振民:《中华民国立法史》,张知本校订,中国政法大学出版社2000年版,第748页。

② 潘维和:《中国近代民法史》,台湾汉林出版社1982年版,第86—87页。

人士陈述习惯。后来,根据奉天省高等审判庭庭长沈家彝的呈文,司法部通令全国,要求各省设立民商事习惯调查会,并以奉天的调查章程为基础制定了调查章程发往各省。1919 年,司法部又发布了统一的民商事习惯调查会报告书式、用纸、编制办法等,以规范和指导全国的民商事习惯调查活动。

1925 年,修订法律馆完成全部民律草案的总则编、债编和物权编部分。1926 年初,民律草案亲属编和继承编完成。北洋政府《民律草案》完成后,修订法律馆即向各学术机构、司法机关分发草案以征求意见,准备对草案进行进一步的修改和完善,以图将之作为民法典付诸实施。但当时北京政府正处于直皖军阀对立状态,国会不能履行正常立法程序,该《民律草案》始终无缘通过而成为正式民法典。

1926 年 11 月 8 日,依据大总统、国务总理、司法总长签署的《民律案总则编债编准暂行参酌采用令》的有关规定,北洋政府《民律草案》的总则编和债编由司法部正式参酌采用,而物权编、亲属编和继承编则由各级法院作为条理予以采用。

1927 年 8 月 12 日,南京国民政府发布《从前施行之一切法令除与党纲主义或国民政府法令抵触者外暂准援用令》,规定北洋政府《民律草案》仍作为条理适用,直至南京国民政府民法典生效时止。

第四节 编制结构(兼与《大清民律草案》相比较)

北洋政府《民律草案》共 5 编 1522 条。

(一)总则编

总则编共 5 章 223 条,分别是:第一章人(包括 2 节:人、法人);第二章物;第三章法律行为(包括 6 节:行为能力、意思表示、契约、条件及期限、代理、无效撤销同意及承认);第四章期限之计算;第五章消灭时效。

北洋政府《民律草案》"总则编"比《大清民律草案》"总则编"减少 100 条，主要是省略了"法例""法人""权利之行使及担保"三章。其他改动是：第一章分为"人"和"法人"两节；第三章增加"行为能力"一节；第四章将《大清民律草案》的"期间与期日"改为"期限之计算"；第五章规定"消灭时效"，而置取得时效于物权占有章中。

（二）债编

债编共 4 章 521 条，分别是：第一章通则（包括 6 节：债之发生、债之标的、债之效力、债之让与及承担、债之消灭、多数债务人及债权人之债）；第二章契约（包括 22 节，分别是：双务契约、利他契约、有偿契约、买卖、互易、赠与、使用租赁、用益租赁、作用借贷、消费借贷、雇佣、承揽、居间、委任、寄托、合伙、隐名合伙、终身定期金契约、赌博、和解、债务约定及债务承认、保证）；第三章悬赏广告；第四章无因管理。

该编在《大清民律草案》中叫"债权编"，北洋政府《民律草案》改之为"债编"，虽是一字之改，却避免了人们以为债权编主要保护债务关系中债权人单方利益的误解，体现了对债权人与债务人双方利益的同等保护，文字表达显得更加合理。北洋政府《民律草案》"债编"省略了《大清民律草案》"债权编"中的"发行指示证券""发行无记名证券""不当利得"和"侵权行为"四章；在第一章中增加"债之发生"一节，分"契约""侵权行为""不当得利"三款。《大清民律草案》中的"不当利得"一词原系照搬自日本民法典，北洋政府《民律草案》将之更改为"不当得利"，同时将《大清民律草案》中的"管理事务"更改为"无因管理"，两词修改后更加准确地表达了概念的特征，也更符合中国的文字习惯，且易于理解，因此沿用至今。北洋政府《民律草案》"债编"共 521 条，比《大清民律草案》的"债权编"少了 133 条。

（三）物权编

物权编共 9 章 310 条，分别是：第一章通则；第二章所有权（包括 4 节：通则、不动产所有权、动产所有权、共有）；第三章地上权；第四章永佃权；第五章地役权;第六章抵押权;第七章质权(包括 4 节:通则、动产质权、不动产质权、权利质);第八章典权;第九章占有。

与《大清民律草案》相比,北洋政府《民律草案》"物权编"删除"担保物权"一章,提取其中的"抵押权"和"质权"各立一章,并将长期以来在中国社会存在的典权作为第八章予以专门规定。全编比《大清民律草案》同编少了29 条。

(四)亲属编

亲属编共 7 章 243 条,分别是:第一章总则;第二章家制(包括 3 节:总则、家长及家属、家产);第三章婚姻(包括 4 节:婚姻之成立、婚姻之无效及撤销、婚姻之效力、离婚);第四章亲子(包括 7 节:亲权、亲子关系、嫡子、庶子、嗣子、私生子、养子);第五章监护(包括 3 节:未成年人之监护、成年人之监护、照管);第六章亲属会;第七章扶养之义务。

与《大清民律草案》相比,北洋政府《民律草案》"亲属编"在第二章增加"家产"一节;在第三章第一节将原有之"婚姻之要件"改为"婚姻之成立",并分为"定婚"和"结婚"两款予以规定;第四章增加"亲子关系"和"养子"两节;第五章第三节将原有之"保佐"改为"照管";全编条数增加了 100 条。

(五)继承编

继承编共 7 章 225 条,分别是:第一章总则;第二章宗祧继承(包括 2 节:宗祧继承人、继承宗祧之效力);第三章遗产继承(包括 2 节:遗产继承人、遗产继承之效力);第四章继承人未定及无人承认之继承(包括 2 节:继承人未定、无人承认之继承);第五章遗嘱(包括 5 节:总则、遗嘱之方法、遗嘱之效力、遗嘱之执行、遗嘱之撤销);第六章特留财产;第七章债权人或受遗人之权利。

北洋政府《民律草案》"继承编"增加了"宗祧继承"一章,其他部分条文亦有所增加,故比《大清民律草案》"继承编"多出了 115 条。

第五节　法典的性质

北洋政府《民律草案》以《大清民律草案》为蓝本,吸收和确认了西方资本主义民法的若干基本原则,是一部具有资本主义性质的近代民法典。

与《大清民律草案》一脉相承,北洋政府《民律草案》确认了人格平等、私有财产神圣不可侵犯、契约自由和过失责任等资本主义民法基本原则。"人格平等"原则主要体现在北洋政府《民律草案》第一条规定之"人之权利能力,始于诞生,终于死亡";第 16 条规定之"凡人不得抛弃其权利能力及行为能力";第 17 条规定之"凡人不得抛弃其自由或至违反法律或有伤风化之程度而自行限制其自由"等条文中。"私有财产神圣不可侵犯"原则主要体现在北洋政府《民律草案》第 761 条规定之"所有人于不违反法令或第三人权利之限度内,得任意处置其物,并排除他人之干涉";第 763 条规定之"所有人对于无权占有或侵夺所有物者,得回复之";第 764 条规定之"所有人对于用前条以外之方法妨害其权利者,得请求除去之"等条文中。"契约自由"原则主要体现在北洋政府《民律草案》第 224 条之规定"当事人互相明示或默示其意思之一致者,其契约即为成立";第 135 条规定之"契约之要约人,因要约而受拘束";第 108 条规定之"契约未经承认前,相对人得撤回之,但结约当时,知其未经得有允许者,不在此限"等条文中。"过失责任"原则主要体现在北洋政府《民律草案》第 246 条规定之"因故意或过失不法侵害他人之权利者,负损害赔偿责任。故意以有伤风化方法侵害他人之权利者,亦同";第 247 条规定之"因故意或过失违背保护他人之法律者,视为前条之侵权行为人";第 308 条规定之"债务人关于债之关系,就自己故意或过失之行为应负其责任"等条文中。人格平等、私有财产神圣不可侵犯、契约自由和过失责任等资本主义民法基本原则的确立,充分体现了北洋政府《民律草案》所具有的近代民法性质。

第六节 法典的特点

与《大清民律草案》相比,北洋政府《民律草案》具有以下特点。

一、注重吸收和保留本国法律传统

《大清民律草案》正因"多继受外国法,于本国固有法源,未甚措意"①,故出台以来受到诸多指责。北洋政府《民律草案》起草之时,立法者试图吸取《大清民律草案》的教训,因此在立法过程中力图做到在引进西方先进法律制度的同时较好地吸收和保留本国的法律传统,北洋政府《民律草案》将长期以来在中国社会普遍存在的典权制度引入法典即是其中一例。我国固有的典权制度有 100 多种规则(大清律例及有关之民事习惯),不仅纷繁复杂而且其中矛盾丛生。民国四年(1915)北洋政府司法部制定了《清理不动产典当办法》10 条,民初大理院先后形成 35 项判例要旨、7 项解释例要旨,这些初步成果为民国《民律草案》最后萃成物权编《典权》一章打下了基础。②北洋政府《民律草案》开创性地在"物权编"专门规定了"典权"一章,用 17 条条文(从第 998 条到第 1014 条)对典权制度进行了比较详细的规定。再如,北洋政府《民律草案》在多处条文中明确承认法律习惯或风俗的效力,第 124 条规定:"法律行为有伤风化者,无效";第 1068 条规定:"凡由一家分为数家者,各家得联合编一家谱。编订家谱规则,由各家协议或推举代表以多数议决定之。其未定之事项,依本地之习惯。但有违反公共秩序或善良风俗者,俱无效"等。北洋政府《民律草案》还在"亲属""继承"两编起草时征

---

① 谢振民:《中华民国立法史》,张知本校订,中国政法大学出版社 2000 年版,第 748 页。
② 张生:《民国初期民法的近代化》,中国政法大学出版社 2002 年版,第 182 页。

求各地习惯，参酌前北京司法部之习惯调查报告书等，在具体规定上又加入了清现行刑律民事有效部分及历年大理院判例和解释例的内容。①将北洋政府《民律草案》与《大清民律草案》相比就会发现，尽管《大清民律草案》在修订宗旨中声称"求最适宜中国民情之法则"，但是，遍览其前三编，几乎全是西方近代民法典的照搬照抄，中国法律传统行踪全无。相对而言，北洋政府《民律草案》无论是在人身法部分，还是在财产法部分，都更注重对本国法律传统的吸收和保留。

二、法律概念和术语的运用更加科学合理

北洋政府《民律草案》以《大清民律草案》为蓝本进行起草，但它并没有对《大清民律草案》所使用的法律概念和术语机械地进行照抄照搬，而是在许多地方进行了卓有成效的改进。如本书前面所提到的将"事物管理"改为"无因管理"，将"不当利得"改为"不当得利"等，至今仍为法学界所沿用。再如，北洋政府《民律草案》将"债权编"改为"债编"，突出了对债务关系中债权人和债务人双方的保护，亦具有一定的合理性。此外，北洋政府《民律草案》对某些法律概念的解释也更加全面和科学。如关于"物"的概念，《大清民律草案》第 166 条规定："称物者，谓有体物。"北洋政府《民律草案》第 95 条在此基础上又增加了一款"能受法律支配之天然力，视为有体物"。这种解释扩大了"物"这个概念的外沿，更接近于现代民法学对"物"的解释。当然，北洋政府《民律草案》的修改并非尽善尽美，应该修改而未修改的地方亦明显存在。例如，北洋政府《民律草案》第 1020 条规定："仆、婢、商工业学习人，及本于与此相类之法律关系而为本人占有之人，为占有辅助人。"该条基本是《大清民律草案》第 1266 条第 1 款条文原封不动的照抄。问题在于，在中国已步入民主共和国之后，仍保留"仆""婢"等称谓实属不当。然而，总的来

① 胡长清：《中国民法总论》，中国政法大学出版社 1998 年版，第 17—23 页。

说，北洋政府《民律草案》法律概念和术语的运用更加科学合理，体现了立法技术的进步和法学的进一步发展。

三、人身法部分较多地因袭了封建礼教的内容

比起《大清民律草案》，北洋政府《民律草案》在"亲属编"和"继承编"中较多地因袭了中国封建礼教的内容，主要体现在以下几个方面。

（一）扩大家长的特权，增加对子女权利的限制

《大清民律草案》和北洋政府《民律草案》都规定了"凡隶于一户籍者，为一家。父母在，欲别立户籍者，须经父母允许"和"异居之亲属欲入户籍者，须经家长允许"的内容，后者更是在此基础上规定，"同居之家属欲出户籍者"，亦得经家长之同意。北洋政府《民律草案》还规定"家属不得反于家长之意设定住址"。关于父母对子女婚姻的同意权，北洋政府《民律草案》中保留了《大清民律草案》"结婚须由父母允许"这项规定，并规定父母双亡或在事实上不能表示意思时，须经祖父母允许或亲属会之同意。通过这些规定，家长的特权得以扩大，子女对家长的人身依附关系得到进一步加强。

（二）限制妇女权利，强化男女地位的不平等

在夫妻地位上，北洋政府《民律草案》继承了《大清民律草案》中以妻为限制行为能力人、男女地位不平等的内容，规定凡"不属于日常家事之行为，须经夫允许。违反前项规定之行为，夫得撤销之"（第 1124 条）；妻子的财产权也是不完整的，"妻于成婚时所有之财产及成婚后所行之财产，为其特有财产。但就其财产，夫有使用、收益之权"（第 1135 条）。北洋政府《民律草案》又增加了对妇女权利进行限制的内容，如剥夺了妇女的贯姓权，第 1118 条规定"妻于本姓之上冠夫家之姓，并取得与夫同一身份之待遇"。再如，对妇女再醮规定了苛刻的条件："再醮，除依第 1076 条第一项规定（即家长同意）外，并须经夫家父母允许。夫家父母双方亡故或在事实上不能表示意思时，须经夫家祖父母允许。夫家祖父母双方亡故或在事实上不能表示意思

时，须经母家父母允许。母家父母双方亡故或在事实上不能表示意思时，须经母家祖父母允许"（第 1106 条）。北洋政府《民律草案》的这些规定，充分体现了男尊女卑、夫为妻纲的封建礼教。

（三）增加宗祧继承内容，巩固封建宗法制度

所谓宗祧继承，是指根据血缘与辈分关系而继承宗庙世系的制度。宗指祖庙，祧指远祖的庙，宗祧继承的原义是继承宗庙的祭祀，源于宗法制度和嫡长继承制度①。《大清民律草案》中本无宗祧继承的内容，规定宗祧继承纯属北洋政府《民律草案》的独创。北洋政府《民律草案》的"继承编"首条便开宗明义地规定："本律所谓继承，以男系之宗祧继承为要件"（第 1298 条）。其后专设一章，用 29 个条文对宗祧继承人的选择、宗祧继承的效力等内容进行了较为详细的规定。如第 1333 条规定："宗祧继承人，自继承开始时起，对于祖先神主、祭具、坟墓、家谱及其他有关宗祧之设置，所继人生前所有者，取得其所有权。"通过宗祧继承，封建宗法制度得到法律上的保障。

可见，北洋政府《民律草案》虽然基本确认了人格平等、私有财产神圣不可侵犯、契约自由和过失责任等资本主义民法基本原则，但这些原则实际上远未能充分贯彻到草案的全部内容中。在尊重与维护人格的独立与平等上，北洋政府《民律草案》不仅未能在《大清民律草案》基础上有所发展，反而在许多地方趋于保守和倒退。如何看待这种"保守"和"倒退"，本章最后一部分将对此问题进行探讨。

四、加强对外国法人的管理

与《大清民律草案》相比，北洋政府《民律草案》加强了对外国法人的管理。《大清民律草案》对外国法人的规定只体现在"总则编"第 66 条中："外国法人不认许其成立；但国家及国家之行政区域商事公司，或法律条约所认

---

① 《法学词典》编辑委员会：《法学词典》，上海辞书出版社 1989 年版，第 632 页。

许者,不在此限。既认许成立之外国法人,与同种类之中国法人有同一之权利能力及行为能力;但依法令或条约不得享受之权利,及外国人不得享受之权利,不在此限。"北洋政府《民律草案》则是从第 88 条到第 94 条用 7 个条文对"外国法人"作了规定。有人认为这是加强了对帝国主义利益的保护①,笔者不敢苟同。因为北洋政府《民律草案》规定外国法人的 7 个条文分别为:第 88 条基本是《大清民律草案》第 66 条规定的翻版;第 89 条比照国内法人对外国法人登记事项作了规定;第 90 条规定"外国法人在中国初设事务所者,于其事务所所在地未登记以前,第三人得不认其成立";第 91条规定了外国法人的代表人;第 92 条比照国内法人对外国法人董事的责任作了规定;第 93 条规定"外国法人,其行为违反法律或有伤风化,又或为目的外之事业者,法院得依检察官或利害关系人之诉,命令撤去其事务所";第 94 条规定"不认其成立之外国法人,以其名义与第三人为法律行为,其行为人就该法律行为,应连带负其责任"。这 7 个条文,与其说是赋予外国法人更多的权利,倒不如说是对外国法人的权利进行了更多的限制,或是为外国法人规定了更多的责任。因此推测立法者的本意,并非要加强对帝国主义利益的保护,而是加强对外国法人的规范化管理。

第七节 评价和反思

北洋政府《民律草案》的制定在中国近代法制史上具有重要的历史意义。

学者张生在对北洋政府《民律草案》作为条理为各级法院所采用从而在司法实践中具有的效力予以充分肯定的同时,认为它确立了固有民法与继

① 张中福:《中华民国法制简史》,北京大学出版社 1986 年版,第 162—163 页。

受民法法典化整合的价值基础。《大清民律草案》采用继受法与固有法混合的法律价值作为民法典理念基础,其中西方权利神圣、意思自治、有过错即有赔偿的民法原则占据主导地位,直接支配债权和物权两编;固有法的身份差序原则则在人法部分居于统摄地位。继受法与固有法在法律价值原则方面,基本是处于互相隔绝的状态。民国初期以批判《大清民律草案》的缺点为起点,对固有法与继受法在整合价值的基础上重新予以探讨。将西方民事立法的最新趋向和中国社会发展的统一秩序需要结合在一起,形成了固有法与继受法法典化整合的价值基础——民法社会化之价值理念。[①]

　　学者杨立新将《大清民律草案》和北洋政府《民律草案》的重要历史意义总结为:第一,两部民律草案脱胎于中国社会的封建传统,采用了先进的西方民事制度和民法典编制方法,初步实现了中国民法发展史上划时代的历史转变。第二,两部民法草案摒弃了中国民事法律的封建礼教核心,采用了公平、正义的先进民法观念,实现了中国民法思想的革命性变革。第三,两部民律草案采用了明确的编修指导思想,注重社会调查,初步体现了立足本土、中西结合的立法思想。第四,两部民律草案吸纳了大量欧陆民法的先进制度,为中国民法的近代化和现代化奠定了扎实的基础。第五,两部民律草案忠实记载了中国民法历史进展的过程,为今天研究中国民法的发展进程提供了详实的历史资料,并为今天制定民法典提供了重要的参考依据。[②]

　　笔者认为,北洋政府《民律草案》的重要历史意义还体现在,它是中国历史上第一部完全由本国学者依靠自身力量起草的民法典草案。北洋政府《民律草案》的完成,反映出国内法学的发展和法学家力量的壮大。从当时法律编查会、修订法律馆历任负责人和北洋政府《民律草案》的直接起草人来看,有过海外留学经历的占三分之二以上。例如,董康曾于 1911 年赴日

---

① 张生:《民国初期民法的近代化》,中国政法大学出版社 2002 年版,第 179 页。
② 杨立新:《大清民律草案　民国民律草案》,吉林人民出版社 2002 年版,"校点说明"第 10—15 页。

本学习法律,章宗祥 1903 年毕业于日本东京帝国大学,王宠惠 1900 年从北洋大学法科毕业后先后赴日本、美国学习法律,梁敬錞从北京大学法科毕业后于 1919 年入英国伦敦大学留学,罗文干毕业于英国牛津大学,余棨昌早年学习于日本帝国大学,江庸毕业于日本早稻田大学,石志泉曾学习法律于东京帝国大学,等等。而且,其中像王宠惠、董康、梁敬錞、江庸、石志泉、罗文干、余棨昌、黄右昌等人都是法学方面的教授、专家。北洋政府《民律草案》正是众多法学家智慧的共同结晶。

不可否认,北洋政府《民律草案》也存在许多缺点和不足,其中最遭人指责的便是"亲属编"和"继承编"内容过多地因袭了封建礼教的内容,扩大家长权,强化封建包办婚姻的制度,维护了宗祧继承等封建制度。故有人认为:"相比较而言,北洋政府《民律草案》的内容在《大清民律草案》基础上,大大的倒退。这反映了北洋政府的政治主张和法制思想的反动性和落后性。"[①]

以现代民主思想和法治的标准评判北洋政府《民律草案》,的确觉得它在维护人格的独立与平等上更加趋于"保守"和"倒退",但是回顾 20 世纪初的中国,政治上,民国体制刚刚建立,军阀割据,政权更迭,国内连年战争;经济上,资本主义工商业虽得到一定的发展,但其在整个国民经济中所占比重仍然很低,自给自足的小农经济在半殖民地半封建社会的中国仍占统治地位;思想观念上,中国传统的儒家思想在人们头脑中根深蒂固,等级秩序壁垒森严,"三纲五常"大行其道,尊孔复古的逆流此起彼伏,传统礼教严重束缚着人们日常生活的方方面面。立法者如果对社会现实全然不顾,一味追求先进性而对西方法律照搬照抄,依此制定出来的民法典势必会因与社会现实不符而沦为一纸空文,在现实中难以施行,这样反倒破坏了法律的权威。这方面,《大清民律草案》作为反面教材足可提供充分借鉴。于此情形

---

① 杨立新:《大清民律草案 民国民律草案》,吉林人民出版社 2002 年版,"校点说明"第 8 页。

下,如果立法者对中国封建传统过分迁就或迎合,也许会在一定程度上提高法律的受容度,但无疑会被后人指责为"反动""保守"和"倒退"。是进亦难,退亦难,立法者处于尴尬的两难境地。

这种选择的两难,并不是中国法制史上特有的现象,西方从第一部近代民法典诞生时起就一直面临着同样的难题。

《法国民法典》是近代第一部资本主义民法典。虽然它是法国大革命的产物,但它并没有把"自由""平等""人的解放"等大革命的口号贯彻到民法典的每一个角落,尤其是法典"人法"部分的家庭制度和继承制度,保留了相当一些封建落后的内容。如,法典有条件地维护家长对子女婚姻的同意权,男女地位不完全平等,保留不自由的离婚制度等。《法国民法典》的这些规定,甚至被人评论为"对革命的反动"①。

《德国民法典》亦是如此,其第四编"亲属法"第一章虽然标题为"民事婚姻",但在起草时实际是以基督教的宗教风俗观念为基础而制定的。②该章最后一节为"宗教的义务",规定"关于婚姻的宗教义务,不因本章的规定而受影响",这分明是对宗教的屈服和妥协。此外,《德国民法典》中也保留了男女地位不平等、歧视非婚生子及维护封建土地制度的一些内容。

日本在民法近代化上走过的道路更为曲折。1890 年日本明治政府聘请法国法学家博瓦索纳德主持起草的"旧民法"被人指责脱离日本国情、与日本传统的家族制度相悖、有违日本善良风俗等,被决定延期实施,最后遭到搁置不用的命运。日本随即着手制定明治民法,加强了对封建家族制度的保护,这部法典得以顺利通过并实施,对日本资本主义发展起到积极的促进作用。

从法、德、日等国的立法实践可以看出,各国在近代民法发展史上都曾

①　[德]K.茨威格特、H.克茨:《比较法总论》,潘汉典等译,法律出版社 2003 年版,第 137 页。
②　《亲属法的立法理由》,参见《德国民法典的编纂经验》,台湾《法学丛刊》第 32 卷第 3 期(1987 年)。转引自谢怀栻:《大陆法国家民法典研究》,中国法制出版社 2004 年版,第 54 页。

经历了这样一个阶段,即:为了与本国传统习俗相适应,为了保证法典的实施效果,在立法时暂时牺牲一定程度上的先进性而适当保留一定的妥协性甚至是落后性。这或许并非迫不得已的无奈之举,而是立法者洞察时务、顺应时势的明智选择。不过,一定时期内和一定程度上对传统习俗甚至是落后习俗的保留与妥协,并不意味着永远的保留和妥协。一旦条件成熟,要适时对其进行修改和完善。正由于此,我们才说,民法的近现代化是一个渐进的过程,立法时只重先进性而忽视本国国情、妄图毕其功于一役的做法是不可取的。

至此,再回过头来审视北洋政府《民律草案》"亲属编"和"继承编"对封建礼教内容的因袭,对之不能简单地贴上"保守""倒退""反动""落后"的标签。立法者在两难境地中力图将西方先进法律与中国传统习俗有机结合的艰苦努力和积极追求法典实施效果的良苦用心,委实值得后人深思。

第四章
中日民法近代化的完成
——《中华民国民法》与日本明治民法的比较

《中华民国民法》和明治民法分别是中日两国第一部真正投入实施的具有近代性质的民法典。本书将《中华民国民法》和明治民法分别视作中日两国民法近代化完成的标志,在此专设一章,对两部民法典进行比较研究。

第一节　立法背景的比较

一、政治背景

与北洋政府时期的军阀混战、地方割据不同,南京国民政府成立后,至少在形式和名义上成为统一全国的中央政权。南京国民政府是以帝国主义为靠山的地主、官僚、买办阶级的联合政权,在它统治下的中国社会,依然未脱离半殖民地半封建社会的深渊。以蒋介石为首的国民党统治者,以胡汉民提出的"政党保姆论"为依托,实行一党专政的独裁统治。然而,举国之内,各地法律习惯相差很大,法院审判案件缺乏统一的标准,这在一定程度上影响了国民社会生活的安定。为了稳定长期处于混乱状态的社会秩序,巩固国民政府的统治基础,国民党统治者迅速开始着手建立包括民法典在内的新的比较完整的法律体系。

日本方面,随着 1890 年《明治宪法》的生效和第一届帝国议会的召开,日本的君主立宪政体正式确立。明治维新使日本走上了发展资本主义的道路,但明治政府本身并不是资产阶级民主政权,而是天皇专制主义政权。它代表了大地主和大资本家两大阶级利益,在经济、政治、社会的各个方面保留了浓厚的封建残余,并很快走上了军国主义道路。①1894 年日本发动了侵略中国、朝鲜等亚洲国家的甲午战争。战争结束后,清政府被迫与日本签订不平等的《马关条约》。日本不仅得以掠夺朝鲜和割占中国大片土地,而且从此可以在中国投资设厂,扩大了日本海外市场和原料来源地。而从中国获取的巨额赔款,促进了日本资本主义的进一步发展。由此,日本开始和欧美等西方列强一样,变成了拥有海外殖民地的国家。随着资本主义的形成以及对外侵略扩张的加剧,日本逐步向帝国主义阶段转化,成为国际帝国主义奴役东方各民族的重要成员。

可见,南京国民政府和日本明治政府都不是纯粹的资产阶级政权,而是地主阶级和资产阶级的双重代表。两国政权的这种特性对民法典的性质和内容有着深刻的影响。

二、经济背景

南京国民政府在成立初期,为发展经济采取了一系列积极的措施。如 1928 年 4 月 20 日通令提倡使用国货,规定除本国没有的产品外"应一律购用国货";颁布了一系列扶植工业发展的法规,如《特种工业奖励法》《工业技术奖励条例》等,鼓励私人发展企业。同时,国民党官僚资本尚未形成,不能对民族私人资本的发展构成阻碍和威胁。此外,抵制日货运动的开展亦为民族工商业的发展提供了机会。因此,中国民族工商业在这一时期得到飞速发展,资产阶级的力量在进一步地壮大。但是,这一时期,农业依然在国

---

① 吴廷璆:《日本史》,南开大学出版社 1994 年版,第 451 页。

民经济中占据主导地位。日本方面,虽然小农经济仍在一定程度上存在,但资本主义工业化水平远远超过南京国民政府统治下的旧中国,并于 19 世纪末完成了第一次产业革命,进入资本主义工业国。日本资本主义发展具有以下特征:(1)国家政权的扶植和保护一直是日本产业资本确立和发展的必不可少的条件;(2)日本资本主义工业大多是基于军事需要而建立的;(3)日本近代企业大部分靠进口机械和引进技术,并且依赖进口原料,加上国内市场狭小,因此工业发展虽然迅速但很脆弱;(4)工业发展不平衡,中小企业广泛存在;(5)农村半封建的土地所有制与城乡资本主义生产关系并存。①

三、思想观念

南京国民政府时期,伴随着中国资本主义工商业的不断壮大、新式交通电信事业的日益发展、西学东渐日益深入以及新式教育更为普及、报纸杂志等现代传媒日趋发展,人们的生活方式、价值观念发生着巨大的变化,摆脱传统封建束缚、追求民主、自由、个性独立、思想解放的观念日益深入人心。这些新的思想观念形成一股不可阻挡的历史洪流,冲击着社会的各个方面。然而同时,在日常生活中,陈腐落后的道德观念和思想意识仍然占据重要地位,新旧观念的冲突十分激烈。这种新旧思想的矛盾和冲突在日本亦有所表现。19 世纪下半期日本近代的思想解放运动是在批判儒学、学习西学的过程中进行的。然而到了明治中期,由于资本主义的进一步发展,出兵侵略其他亚洲国家阴谋的得逞,日本国家主义一度兴起,国粹主义泛滥起来,封建儒学思想又卷土重来。明治天皇于 1890 年 10 月 30 日颁布关于教育根本方针的"教育敕语",提出"臣民克忠克孝",并列举"孝父母、友兄弟、夫妇相和、朋友相信"等儒家道德,"通之古今而不谬、施之中外而不忤"。明

---

① 吴廷璆:《日本史》,南开大学出版社 1994 年版,第 496—497 页。

治天皇将敕语颁发各级学校奉读,亦以此作为国民精神生活之最高准则。与此同时,随着1890年11月第一次帝国议会的召开,自由民权运动宣告结束。

四、法学的发展

自清末起,中国出现了一场出国留学的高潮,留学国家以日本为主,学习科目以法政为主。据统计,仅1904年至1908年,在日本法政大学法政速成科肄业的中国学生就有1 885人,毕业1 215人。[①]此外,留学英、法、德、美、比、奥等国的亦不少见。民国之后,海外留学的人员相继回国后,对西方思想的传播起到了重要作用,大学法学教育发展迅猛,法学学术杂志大量出现,尤其是在20世纪20年代末到30年代初,伴随着南京国民政府大规模的立法活动,中国国内法学呈现一派繁荣景象。日本方面,"旧民法"公布后,以英国法学派为主力的"延期派"对"旧民法"的种种缺陷进行了激烈的批判,极力主张法典延期实施;以法国法学派为主力的"断行派"则针对延期派的批判大力反击,开展法典拥护运动,主张"旧民法"如期实施。"鹬蚌相争,渔翁得利",英国法学派和法国法学派斗争的结果,使德国法学乘虚而入并后来者居上,从19世纪末开始逐渐成为日本的主流法学,统治德国法学界的注释法学和概念法学也在日本法学界流行起来,德国法学在日本法学界占据独一无二的统治地位。法学的发展,为两国民法近代化的完成创造了条件。

五、治外法权问题

中日两国在制定《中华民国民法》和明治民法之时,都面临着收回治外法权的严峻使命。1922年,北洋政府曾在华盛顿会议上提出废除领事裁判

---

① 贺跃夫:《清末士大夫留学日本热透视》,《近代史研究》1993年第1期。

权问题,根据大会决议,西方列强将向中国派出调查员对中国的法律状态进行调查。后来,调查员向中国提议编纂民事、商事、刑事等方面的完备法典、改善法院及监狱制度,表示在此基础上才能考虑废除领事裁判权的问题。对此,国民革命先驱孙中山去世前一直念念不忘,临终前还将废除不平等条约等内容写进遗嘱,所以,民国政府一直将废除不平等条约、收回治外法权作为一项重要任务。南京国民政府成立后,曾试图先自条约期满国开始,通过个别修改条约达到目的。1926 年,《中比条约》期满,南京国民政府提议修改未允,后遂于 1928 年与比利时签订新约,但新约仍附有条件:一为中国须于一年内颁布民法、商法,二为须享有领裁权国家过半数承认放弃。①而此时,其他享有领事裁判权的西方国家均持观望态度。南京政府在尝试收回治外法权中遇到的挫折使其深刻认识到,民法、商法等近代法律的完备乃是收回治外法权的前提条件。日本方面,收回治外法权亦是明治政府上台后进行法制改革所要达到的根本目的之一。在与西方列强的交涉中,明治政府曾提出"裁判管辖条约案",允诺日本将根据西洋的法理制定刑法、治罪法、民法、商法、民事诉讼法等,任命外国人作法官、检察官,对涉及外国人的诉讼案件多由外国法官进行审判,以英语为审判使用的外语,等等。此提案虽最终流产,但足以说明明治政府收回治外法权的迫切心情。

第二节　立法原则的比较

《中华民国民法》的立法原则通过三个层次表现出来:一是国民党统治者的立法指导原则;二是民法编纂的总指导原则;三是民法各编的具体指导

---

① 汪楫宝:《民国司法志》,台湾正中书局 1954 年版,第 37 页。

原则。日本明治民法的立法原则集中体现在 1893 年 5 月法典调查会第二次委员总会决定的 13 条"法典调查方针"中。该方针的内容，与穗积陈重在这之前向以伊藤博文为中心的筹备会提出的《关于法典调查方针的意见书》几无二致。

一、《中华民国民法》所奉行的"三民主义"的立法原则

南京国民政府号称以孙中山的民族、民权、民生"三民主义"为治国方针，也以之作为立法活动的指导思想。"三民主义"立法原则的提出，是由南京政府坚持国民党一党专政的政权性质决定的。

1928 年 12 月国民政府立法院成立时，院长胡汉民就提出："三民主义是一切建国工作的最高原则，……这就无异是说，国家今后的政治、经济、教育、法律、财政种种的计划，虽要从各方去分工进行，而同时都必须以三民主义为总出发点，才能建设得起一个整个的三民主义的中国。"[①]谈到立法，胡汉民认为，法律的制定要以具体的时间、空间和事实为条件，"论时间，现在是革命到了训政的时代，要立法，当然就是为训政时代三民主义实行的计划和方略而立法，这就是一方面要把旧时不适用的法律革除，一方面要把适于新时代的法律定出来。论空间，我们现在是要在这个旧社会旧制度崩坏了的中国造起新国家新社会，所以要立法，当然就要准据我们建造新社会新国家的图案——三民主义——而适合中国现实的情形来立法。论事实，则我们现在所迫切的需要，是要谋人民生命财产之保障，然后社会才能安定；要确定国家和人民责任义务之分际，然后民族才算有组织；要使社会的经济利益能在平衡的保护和鼓励之下得以发达，然后民生才算有解决"，因此，"离开三民主义，便不能立法，这是根本的要点"[②]。

---

① 《胡汉民先生文集》（第 4 册），中国台湾地区"中国国民党中央委员会党史委员会"1978 年版，第 774—776 页。
② 同上书，第 777—778 页。

"三民主义"，既是国民党的政治纲领，又是南京国民政府施政的基本方针，它贯穿于政治、经济、军事等社会生活的方方面面，也成为指导立法实践的一项基本原则。

二、个人本位与社会本位

世界历史上第一部资本主义近代民法典《法国民法典》是法国大革命的产物，它以自由主义、个人主义为指导思想，以所有权绝对、契约自由、过失责任为三大原则，体现了自由资本主义时期的特点。

19世纪后期，随着社会的发展和变迁，资本主义由自由竞争时期发展到以垄断为特征的帝国主义时期，社会本位思潮应运而生，国家放任主义政策逐渐没落，取而代之的是国家干涉主义。在法律思想领域，以庞德为首的社会法学派和以狄骥为代表的社会连带法学派占据了西方主要发达国家的思想阵地，法律社会化的倾向越来越明显。在此影响下，德国民法典对所有权的使用和契约自由都进行了一定的限制，并开始将无过失责任原则引入民法典。

日本明治民法的编纂以"旧民法"为基础，深受德国民法典的影响，因此法典中或多或少可见社会本位思想的影子。

《中华民国民法》编纂之时则将社会本位思想作为立法的一项重要指导原则。胡汉民将世界最近的立法趋势归纳为三点，"（一）权利本位转移为义务本位；（二）所有权之不可侵，因共同之利益而加以制限；（三）契约自由之原则，因社会之福利而严其范围"①，进而强调对于团体利益的注重并认为，"固然，民法是私法，其目的在确定人的生活的轨范，其间自然脱不了个人的关系，在我们的民法中，个人主义的原则也是不能绝对的消灭和铲除的。但是团体的生活尤其重要，个人主义的存在，总不能妨碍及社会主义的推

① 《胡汉民先生文集》（第4册），中国台湾地区"中国国民党中央委员会党史委员会"1978年版，第796页。

进。……我们编订民法,首先注意到:凡是公众所认为不良的,有损于公共利益的习惯,通通革除掉,以纠正个人主义的错误"①,"总言之,社会公共的利益,是一切法律所应顾虑周到的标准"②。

三、民商合一与民商分立

日本明治民法采用的是民商分立的体例,分别制定民法典和商法典;《中华民国民法》则采用民商合一的体例。

1929 年 5 月,立法院院长胡汉民、副院长林森提议编订民商统一法典。中央政治会议第 180 次会议决议将提案交委员胡汉民、戴传贤、王宠惠进行审查。胡汉民等审查后,认为应订民商统一法典,并陈述 8 项理由。这 8 项理由条理清晰,说理透彻,内容全面,显示出报告起草者深厚的法学功底。现将 8 项理由引述如下:

一、因历史关系认为应订民商统一法典也。商法之于民法以外成为特别者,实始于法皇路易十四。维时承阶级制度之后,商人鉴于他种阶级,各有其人身法,亦遂组织团体,成为商人阶级,而商法法典渐亦相因而成。此商法法典别订于民法法典之外者,乃因于历史上商人之特殊阶级也。我国自汉初弛商贾之律后,四民同受治于一法,买卖钱债,无并无民商之分。清末虽有分订民法法典及商法法典之议,民国成立以来,亦沿其说,而实则商人本无特殊之阶级,亦何可故为歧视耶?

二、因社会进步认为应订民商统一法典也。反对民商法典统一者之言曰:商法所定,重在进步。民法所定,多属固定。此在昔日之陈迹,容或有之,不知凡法典应修改者,皆应取进步主义,立法者认为应修改即修改,与民商合一与否无关。例如英国民商合一,而公司法施行后亦

---

① 《胡汉民先生文集》(第 4 册),中国台湾地区"中国国民党中央委员会党史委员会"1978 年版,第 849 页。
② 胡汉民:《胡汉民选集》,台湾帕米尔书店 1959 年版,第 102 页。

有数次之修改，而德国为民商分立之国，乃商法之改变，远不如英国。于此可见进步与否，并不在民商之合一与否也，是以各国学者，盛倡民商合一之论，其最著者，如意国之维域提氏（Viyonte）、法国之他赖氏（Thaller）、德国之典尔伯氏（Derburg）皆有相当之理由。

三、因世界交通认为应订民商统一法典也。反对民商法典统一者之言曰：商法具有国际性，民法则否。此亦狃于旧见之说也。民商合一，对于商事法规，应趋于大同与否，立法者尽可酌量规定，并不因合一而失立法之运用。且民商划分之国，其法典关于本国之特别规定者，亦不一而足也。

四、因各国立法趋势认为应订民商统一法典也。意大利为商业发达最早之国，而其国之学者，主张民商合一为最力。英美商业今称雄于世界，而两国均无特别商法法典，瑞士亦无之。俄国1893年民法第一草案，1896年民法第二草案，1906年民法第三草案，1907年民法第四次草案均包商法在内。似此潮流，再加以学者之鼓吹提倡，则民商合一，已成为世界立法之新趋势，我国何可独与相反。

五、因人民平等认为应订民商统一法典也。人民在法律上本应平等，若因职业之异，或行为之不同，即与普通民法之外，特定法典，不特职业之种类繁多，不能遍及，且与平等之原则不合。

六、因编订标准认为应订民商统一法典也。昔时各国之商法，以人为标准，即凡商人所为者，均入于商法。德国于1907年所订之商法亦然。法国自大革命之后，以为不应为一部分之人专订法典，故其商法以行为为标准，即凡商行为，均入于商法典。然何种行为系商行为，在事实上有时颇不易分。我国如亦编订商法法典，则标准亦殊难定。

七、因编订体例认为应订民商统一法典也。各国商法之内容，极不一致。日本商法分为总则、会社、商行为、手形、海商五编，德国商法无手形，法国则以破产法及商事裁判所组织法订入商法法典，体例纷歧。可知商法应规定之事项，原无一定范围，而划为独立之法典，亦止自取烦扰。再法典应订有总则，取其纲举目张，足以贯串全体也。而关于商法，则不能以总则贯串其全体。

八、因商法与民法之关系认为应订民商统一法典也。在有商法法典之国，其商法仅系民法之特别法，而最重要之买卖契约，仍多规定于民法，而民法上之营利社团法人，仍须准用商法。则除有特别情形，如银行交易所之类外，民法商法牵合之处甚多，亦何取乎两法并立耶？且民商划分，如一方为商人，一方非商人，适用上亦感困难。因民商法相关联之处甚多，而非一般人所能意料者。①

中央政治会议第 183 次会议通过审查意见，同意订立民商合一的民法典，并交立法院遵照编制。由此，南京国民政府的法典编纂事业一改清末和北洋政府时期民商分立的做法，将商法典的内容规定在民法典中，不再制定独立的商法典。对部分不易归入民法典的商法内容，则通过制定单行法规予以规定。

四、关于习惯（法）的效力

我国第一部近代民法典——《大清民律草案》曾经在"法例"章第一条规定："民事本律所未规定者，依习惯法，无习惯法者，依条理。"当时的立法理由是，一方面，民事审判官在审判之时常常会遇到许多法律关系在法律中均无明文规定的情况；另一方面，审判官不得借口法无明文规定而拒绝对民事纠纷作出裁判，因此在一定条件下承认习惯法和条理的效力，既有助于法官适时解决争议，又使民法典成为一个开放性的体系。北洋政府时期起草的《民律草案》删除了这一规定。此次立法，基于和《大清民律草案》立法时相同的理由再次承认习惯的效力，规定"民事法律未规定者，依习惯，无习惯

---

① 谢振民：《中华民国立法史》，台湾正中书局 1937 年版，第 759—760 页。

者，依法理"。

在承认习惯效力的同时，立法者认为，鉴于我国幅员辽阔，各地习俗相差很大。其中固然有适合国情的风俗民情，也有许多与国民党党义相违背的习惯。如果不加鉴别地对其效力一概加以承认，则势必会对国家建设事业造成损害，因此又对本条加以限制，即民事行为所适用之习惯，以不违背公共秩序和善良风俗为限。

其实，查民国以来的判例，对习惯法的效力一直持有条件的承认态度，此处略引三例证之：1913 年上字第 3 号判例："凡习惯法成立之要件有四：一、有内部要素，即人人有确信以为法之心；二、有外部要素，即于一定期间内就同一事项反复为同一之行为；三、系法令所未规定之事项；四、无背于公共秩序及利益。"1915 年上字第 2354 号判例："当事人主张之习惯法则，经审判衙门调查属实，且可认为有法之效力者，自应援用之以为判断之准据，不能仍凭条理处断。"1928 年上字第 613 号判例："习惯法之成立，须以多年惯行之事实，及普通一般人之确信心为其基础。"①

日本明治民法则是有条件地承认习惯的法律效力，规定："有与法令中无关公共秩序和规定相异的习惯，如果可以认定法律行为当事人有依该习惯的意思时，则从其习惯"。

五、关于男女平等

《中华民国民法》的立法者认为，民国自成立以来，在各项政策、法令中一向主张男女平等。只是男尊女卑的思想由来已久，可谓积重难返，若不以革命的手段彻底改革，恐难以达到平等目的。因此，在此次立法中将男女平等作为一项重要原则加以贯彻，对以往民法典草案中对女子行为能力限制之条文，悉数删除。规定女子无论结婚与否，对个人之财产有完全处分的权

---

① 郭卫、周定枚：《六法判解理由总集》（第 1 册），上海法学书局 1935 年版，第 2 页。

利。任何权利,均不因男女而有所区别。男女平等原则的确立,使《中华民国民法》在出台伊始便跻身于世界最先进的民法典之列。男女平等原则的确立,与南京国民政府所处的时代背景紧密相关。与日本明治民法相比,将"男女平等"作为民事立法的指导原则,确是《中华民国民法》的一大特点。

六、关于"旧民法"在明治民法编纂中的地位

根据 1893 年 4 月制定的《法典调查规程》,民法典编纂的第一项方针是:"对既成法典的各条款进行查复,给予必要的修补和删正。"①法典调查被限定于对"旧民法"的条文进行检讨并给以必要的修正这一范围之内。可见,新民法典的编纂,并非抛开"旧民法"、重新制定一个全新的民法,而是以"旧民法"为基础,通过对"旧民法"进行一定修正而创立新民法。新民法的基本骨架来自"旧民法","旧民法"主要仿照法国民法而制定,而新民法典不过是依据德意志民法典第一草案在"旧民法"基础上添加了部分内容,近期许多学者的研究成果都指明了这一点。②以"旧民法"为基础进行必要修正,确属明治民法的立法原则之一。

七、关于"潘德克顿编制法"

"潘德克顿",系罗马法大全即查士丁尼法典中的《学说汇纂》(*Pandectae*)的音译。十九世纪的德意志法学,通过对《学说汇纂》的研究构成近代民法理论体系,称为潘德克顿法学。其主要特点之一是注重构造法律的结构体系。尤其是温特夏德在《潘德克顿教科书》中所确立的五编制的民法学体系,成为 1900 年《德国民法典》的渊源。这种民事法典的编纂体例日后相继

---

① [日]石井紫郎:《日本近代法讲义》,日本青林书院新社 1972 年版,第 103 页。
② 可参阅[日]星野英一:《法国民法典对日本民法典的影响》,载日本《民法论集》第 1 卷;[日]北川善太郎:《日本法学的历史和理论》;[日]石井良助:《民法典的编纂:从民法决议到民法暂行法则》,日本《国家学会杂志》第 58 卷第 2 号。

为日本和晚清政府所沿用。

《中华民国民法》的编纂比起日本明治民法的编纂要晚了30多年,加上日本的"旧民法"系采用罗马法编制结构,因此,"潘德克顿编制法"的采用,对明治民法的编纂来说是前无古人的创新,而对《中华民国民法》的编纂来说,只是对《大清民律草案》和北洋政府《民律草案》的简单继承。

日本"旧民法"在编纂体例上模仿由人法、物法、诉讼法三部分内容组成的法国民法典而制定,全部法典共分为人事编、财产编、财产取得编、债权担保编和证据编五部分。穗积陈重在批判"旧民法"时指出,"旧民法"将继承法部分编入财产取得编中,忽视了日本传统的家督继承不仅有财产继承而且包含户主权和祖先祭祀的继承这一重要内容,因此编订新民法典时必须将继承法列为独立的一编。①

法典调查会"法典调查方针"第2条明确规定:"民法全典分为五编,其顺序如下:第一编:总则;第二编:物权;第三编:人权②;第四编:亲族;第五编:继承。"③"法典调查方针"第3至7条分别对五编的内容进行了界定,"民法总则是关于私权的主体、目的、取得、丧失及行使原则的规定";"民法物权编是关于物权和物权的取得、丧失以及物上担保的规定";"民法人权编是关于人权和人权的取得、丧失以及对人担保的规定";"民法亲族编是关于家族和亲族私法上的权利关系的规定";"民法继承编是关于家督继承和遗产继承的规定"。这种规定,正是采用德意志民法草案潘德克顿编制法的结果。

值得一提的是,德国民法典第一草案各编的编排次序,是"债编"在"物权编"之前,日本明治民法在编排结构上的模仿对象是德国撒克逊法典而不

---

① [日]小柳春一郎:《穗积陈重和旧民法》,日本《法制史研究》1981年第31号。
② 此编名称在起草时初定为"人权",后经激烈争论,改为"债权"。
③ 《法典调查方针》,转引自[日]宫川澄:《旧民法和明治民法》,日本青木书店1965年版,第227页。

是德国民法典第一草案。之所以做出这种选择，穗积陈重、富井政章、梅谦次郎三位起草委员向伊藤博文提交的《法典调查规程理由书》对此解释说，仅仅因为关于获得或丧失物权的内容大多规定在债权中就认为在民法典中把债权放在物权前面是一种自然顺序的观点并不令人信服。①而且，债的内容中有关所有权和其他各种物权的内容非常多，因此将物权编规定在债编之前更方便人们对债编内容的理解。日本明治民法将物权编置于债权编之前，这种编排方式，并非出于纯理论的考虑，而是采用实用论的结果。②

依据"法典调查方针"，新编民法典分为总则、物权、人权、亲族、继承五部分。这种体例编纂法的特点是：在法典前面，把通过彻底抽象化而形成的一般规范归纳在一起，以提纲挈领的方式设定了第一编总则，规定民法共同的制度和规则，用于统率其余四编的分则内容。在规定分则各种法律关系时，以分则每一编的各种法律关系作为一部分，在规定具体法律关系之前，先概括集中规定该部分法律关系的共性制度和规则，作为统率该编的总则。这样，全部法典中既有统率全法的总则，又有统率各编的总则，编制结构具有较强的逻辑性。

八、关于法典的文体

根据日本法典调查会"法典调查方针"第 11 条的规定，民法的条文应当只是对一般原则、特殊变则以及容易产生疑义的事项所立的规则，而不应当涉及细密的规定。坚持这项原则，保证法条的原则性和概括性，是为了使法律解释的幅度得以扩大，法典对社会变化的适应性得以确保，它反映了当时日本处于社会急剧变化阶段的历史特点。③"法典调查方针"第 12 条规定，

---

① 参见《法典调查规程》，转引自［日］福岛正夫：《穗积陈重立法关系文书的研究》，日本信山社1989 年版，第 114 页。
② ［日］仁保龟松：《日本民法典编纂的法理观》，载日本《关西大学创立五十周年论文集》，第51 页。
③ ［日］大竹秀男、牧英正：《日本法制史》，日本青林书院 1985 年版，第 357 页。

法典文体力主简易,法典用语采用已有的普通惯用语。这主要是针对明治初期翻译外国法律时许多法律用语不文不白的现象,要求避免这种情况,使用比较规范、通用、明白易懂的法言法语。同时"法典调查方针"第 13 条规定,关于法典的文体和用语,除了立法上的一些必要的解释外,其他定义、区分种类、引例等一律删除。这项原则自然是针对"旧民法"定义解释过多的缺陷而言。相比之下,综观《中华民国民法》三个层次的立法原则,似乎对法典的文体并未给予特别的关注。

九、《中华民国民法》各编的原则

与日本法典调查会"法典调查方针"的内容均为指导民法典编纂的总原则不同,《中华民国民法》编纂之时,民法起草委员会还制定出各编非常具体、细致的立法原则并提交中央政治会议审议通过。

以总则编为例,中央政治会议第 167 次通过的民法总则编的立法原则共有 19 条:(1)民法所未规定者依习惯,无习惯或虽有习惯而法官认为不良者依法理;(2)民法各条应分别为两大类:①必须遵守之强制条文,②可遵守可不遵守之任意条文。凡任意条文所规定之事项,如当事人另有契约,或能证明另有习惯者,得不依条文,而依契约或习惯;但法官认为不良之习惯,不适用之。凡任意条文,于各本条明定之。(3)失踪人失踪满 10 年以上者,法院得为死亡之宣告。失踪人为 70 岁以上者,得于失踪满 5 年后为死亡之宣告。失踪人为遭特别灾难者,得于失踪满 3 年后为死亡之宣告。(4)二人以上同时遇难而死,无证据足以证明其死亡之先后时,即推定其为同时死亡。(5)足 20 岁为成年。(6)未满 7 岁之未成年人无行为能力,7 岁至 20 岁为有限制之行为能力人。(7)对于心神丧失及精神耗弱之人,法院得宣告禁治产。(8)姓名权受侵害者,被害人得请求法院禁止之。(9)同时不得有二处以上之住所。(10)外国法人之许可,依法律之规定。在中国境内外国法人之设立营业及分设支店,应受中国法律及规章之支配。经认可之外国法人,与同种类之中国法人有同等之权利能力,及行为能力;但法令另有规定者不在此限。外国法人受中国法院之监督及管辖。(11)法律行为必须依方式者,宜定其方式,但种类不宜过多,所定方式亦不宜繁琐。(12)法律行为虽依法定条件,应认为有效者,如乘他人之危急,或其他特定情形,显失公平者,法院得撤销之。(13)以侵害他人为主要目的而行使权利者,其权利之行使为不法。(14)因避免不法侵害所为之行为,不得认为不法;但以不超越相当程度者为限。因避免紧急危险,而损害或毁灭他人之物者,其行为不得认为不法;但以不超越相当程度者为限。(15)为保护自己权利起见,对于他人之自由或财产施以相当制裁之行为,不得认为不法;但以舍此以外,无他方法,并事后即请求司法之援助者为限。(16)享受权利之能力不得放弃。(17)自由不得抛弃。契约上自由之限制,不得违背公共秩序或善良风化。(18)不于法定期间行使权利者,其权利因时效而消灭。法令时效期限,不得以契约延长及减短之,并不得预先抛弃时效之利益。(19)最长时效期限,拟定为 15 年,定期给付之债权,拟定为 5 年,关于日常交易之债权,拟定为 2 年。①这 19 项与其说是原则,倒不如说是民法典总则编条文的具体内容。

其他四编的立法原则和总则编的立法原则一样,都规定得非常详细具体。它既是指导民法编纂的方针和原则,同时又构成民法各编的主要内容,本书于此不再一一列举。

第三节　立法过程的比较

一、法典编纂前司法裁判的依据

1927 年 8 月 12 日,南京国民政府发布《从前施行之一切法令除与党纲

---

① 谢振民:《中华民国立法史》,台湾正中书局 1937 年版,第 753—755 页。

主义或国民政府法令抵触外暂准援用令》，提出"国民政府一应法律，待用孔亟。在未制定颁布以前，凡从前施行之各种实体法、诉讼法，及其他一切法令，除与中国国民党党纲，或主义，或与国民政府法令抵触各条外，一律暂准援用。至设置最高法院及编订法典两事，一为诉讼终审及划一解释法律机关，一为厘定章制，施治所从出，均与适用法律互有关系，尤为目前切要之图。着司法部一并分别筹办，以专责成，而资法守"[1]，明确了以往法令的法律效力。日本明治民法通过颁布之前，虽未明文规定适用"旧民法"，但根据1875年太政官布告第103号《裁判事务心得》的规定："民事审判无成文规定时依习惯、无习惯时依条理进行。"许多法官在审判实践中，遇到既无成文法律规定、又无民事习惯可依的情形时，往往将"旧民法"及其草案作为裁判的最大依据，可见，"旧民法"在明治民法通过之前的司法实践中发挥着重要的影响。

二、法典编纂前的立法实践活动

日本"旧民法"被延期实施后，政府立即组织人员编纂明治民法，两部法典的间隔时间很短，因此不像南京国民政府那样，在《中华民国民法》编纂之前还曾进行过《亲属法草案》和《继承法草案》的起草工作。

1927年，南京国民政府设立法制局，负责起草各种重要法典。因民法总则、债权、物权各编，均有民间习惯及历年法院判例暂时可以满足司法审判的需要，唯有亲属、继承编的习惯与判例皆因袭数千年来的封建宗法制度，既与社会发展不相适应，又与国民党政治纲领相违背。因此，为满足司法实践的迫切需要，法制局决定先行起草民法亲属、继承两编。亲属编由燕树棠负责草拟，继承编由罗鼎负责草拟。经过二人一年多的努力，两编草案于1928年10月完成，准备呈送国民政府转交立法院审核。但因立法院尚

---

[1] 中国台湾地区"司法行政部民法研究修正委员会"：《中华民国民法制定史料汇编》，"司法行政部总务司"1976年版，第337页。

未成立,故草案只能被搁置。

《亲属法草案》分为通则、婚姻、夫妻关系、父母与子女关系、扶养、监护人、亲属会议 7 章,共 82 条。立法原则及主要特点是:承认男女平等,将以往亲属法中离婚条件宽于男而严于女、承认夫权存在等规定予以更改或删除;注重增进种族健康,明确规定结婚的最低年龄,并限定女系方面的血亲在三亲等内者不得通婚;奖励亲属互助而减轻相互间的依赖。

《继承法草案》分为通则、继承人、继承之效果、继承人之应继分、遗产之分割、无人承认之继承、遗嘱、特留分 8 章,共 64 条。立法原则及主要特点是:废除封建宗祧继承制度,只规定了遗产继承;男女在法律的地位完全平等;除为遗族酌留生活费外,允许继承人以遗嘱自由处置其财产;继承人仅于所继承的财产限度内对于被继承人的债务负清偿责任;增加国库承受遗产的机会以促进地方公益事业的发展;配偶继承遗产的次序不后于直系卑亲属。

该《亲属法草案》和《继承法草案》系根据国民党党纲精神并仿照最新的苏俄民法典和瑞士民法典制定而成,因此比起以往的亲属法和继承法草案,进步非常显著。其所贯彻的立法原则基本为后来的《中华民国民法》所继承,所以两草案虽然未发生法律效力,但对后世立法的影响不容忽视。

三、法典的编纂机构

1928 年 12 月,南京国民政府立法院成立后,即着手起草民法典。在立法方面,核心小组由中央政治会议的六名成员组成,他们是:胡汉民、林森、孙科、王宠惠、蔡元培和戴季陶。其中,胡汉民、林森和孙科在起草基本立法原则方面起关键作用;王宠惠、蔡元培和戴季陶则是协助另外三人对提供给全体会议讨论的草案进行审核与修订。①随后,立法院于 1929 年 1 月 29 日决议指定立法委员傅秉常、史尚宽、焦易堂、林彬、郑毓秀(后由王用宾继任)

---

① Philip C.C. Huang, *Code*, *Custom and Legal Practice in China*: *The Qing and the Republic Compared*, Stanford University Press, 2001, p.51.

组成民法起草委员会,负责民法典的具体编纂工作。委员会还聘请司法院院长王宠惠、考试院院长戴传贤与法国人宝道为顾问,委任何崇为秘书、胡长清为纂修。

日本明治民法的编纂机构则为"旧民法"被延期实施后成立的法典调查会。1893 年 3 月 25 日,日本政府以第 11 号敕令发布《法典调查会规则》。规则第 1 条便明确规定了法典调查会的性质和任务,"法典调查会在内阁总理大臣的监督下对民法、商法及附属法律进行调查审议"。第 2 条规定了法典调查会的组成,"法典调查会由总裁和副总裁各 1 人、20 人以内的主查委员和 30 人以内的查定委员组成"。第 4 条规定了委员的资格和任命,"委员根据内阁总理大臣的提请从高等行政官、司法官、帝国大学教授、议会议员和其他富有学识和经验的人员中任命"。不久,根据《法典调查会规则》,调查会各委员被相继任命。总裁为首相伊藤博文,副总裁为西园寺公望。调查会委员主要有箕作麟祥等 18 名主查委员和 21 名查定委员,大都从官员、法官、律师和实业家等有多种多样经历的人士中选任。其中既有前期"民法论争"中的断行派代表,又有延期派代表。法典调查会起初分为主查委员会和委员总会两级,后者对经前者审议通过的结果再行确认。

四、法典的编纂过程

与《大清民律草案》不同,《中华民国民法》的制定采取分编起草、分别通过的方式。即,每编先由胡汉民、林森、孙科等中央政治会议委员提出立法原则,经由国民党中央政治会议法律组审查后,提交中央政治会议审议。中央政治会议通过立法原则后,将其函交立法院,由民法起草委员会依照立法原则进行各编条文的具体起草。最后,由立法院对编纂而成的各编草案进行审议通过。

日本明治民法的编纂,基本按照法典调查会 1893 年 4 月 27 日颁布的《法典调查规定》进行。

《法典调查规定》共3章33条。第一章为"调查规定",主要内容是:法典修正采取单独起草、合议定案的方法;主查委员中设置3名起草委员专门负责修正案的起草,但必要时设协议会委员参与立案协议;主查委员中另设整理委员及报告委员,整理委员主要负责对修正案各部分之间的关系及修正案与其他法律法令的关系进行整理,报告委员主要负责查阅帝国议会议事录、法律著作、杂志、报纸等登载的关于法典延期实施的理由和对法典的批评等并向起草委员进行报告。第二章为"委员",主要内容是:法典调查委员会有主查委员会和委员总会两种;主查委员会分为定期委员会和临时委员会,定期委员会每周召开一次,临时委员会由总裁在必要时召集;委员总会由总裁在必要时召集;法典修正草案首先由主查委员会议决后成为预定议决,再经委员总会议决后成为确定议决;修正草案必须经过预定议决和确定议决两项程序。第三章为"议事规则",主要是对两委员会审议草案的程序、方式、修正动议的提出、表决等作出规定。

《法典调查规定》颁布后,梅谦次郎、富井政章、穗积陈重三位帝国大学的法科教授被任命为起草委员,具体负责"旧民法"的修正和新法典草案的起草。即由穗积陈重、富井政章、梅谦次郎分别起草民法典的各部分,经三人合议后向调查委员会报告。此次起草没有聘用外国人,一方面是吸取了"旧民法"失败的经验教训,另一方面也表明了当时日本国内法学研究已达到相当高的水平。穗积陈重、富井政章、梅谦次郎三位教授都曾在国外留学,分别研究并擅长不同国家的法律,采取由他们三人分别起草、最后再合议定案的方式制订明治民法,既可以充分发挥三位法学家不同的特长,又有助于吸收诸位委员的集体智慧。

三位起草委员起草完毕,将草案提交调查会合议。法典调查会的议案有甲、乙、丙三种类型:甲号是关于修正"旧民法"条文的议案;乙号是关于民法重大问题需要首先明确基本态度或原则的"预决议案",其后相关内容的具体法律条文遵照此议案制订;丙号是具体事务上的议题。

　　法典调查会的审议程序如下：首先由主查会将起草委员起草的甲号议案（被称为原案）提出，由起草委员说明其与"旧民法"规定有何异同并解释修正理由；然后，介绍外国法律的相关规定；其后对原案进行议定。如果对原案提出修正案，再对修正案采用与否进行讨论。此后总会依相同的方式再行审议。从 1894 年 4 月开始，为了避免双重审议的弊病，主查会和总会两个委员会被合二为一。

　　明治民法在起草过程中，确实有许多问题曾引起广泛的争论，比较有代表性的如：在意思表示发生效力问题上的发信主义与受信主义（到达主义）的争论、在代理问题上单独行为说与委任契约说的争论、在名称上人权与债权的争论、关于承认习惯的法律效力的争论、关于是否废除户主制度的争论等。这些问题最后的结论都是在充分展开讨论基础上形成的，所以可以说，明治民法是众多委员集体智慧的结晶。

　　综上，明治民法的起草过程基本是：条文起草→审议→修正→再审议→成案→提交议会通过；而《中华民国民法》的起草过程则是：草拟立法原则→中央政治会议审议→将立法原则交立法院→民法起草委员会进行条文起草→立法院审议通过。与明治民法不同，《中华民国民法》编纂之时首先由国民党中央委员会确定立法原则，然后依据立法原则进行具体条文的起草。这种状况完全是由南京国民政府的建国纲领和政权性质所决定的，体现了国民党对立法工作的具体指导和全面控制。

　　在建国的具体实践上，孙中山曾提出"建国三时期"理论，认为民国的建成和完善必须经历军法之治、约法之治和宪法之治，即："此三时期，第一时期为军政府督率国民扫除旧污之时代；第二时期为军政府授地方自治权于人民，而自总揽国事之时代；第三时期为军政府解除权柄，宪法上国家机关分掌国事之时代。"①

---

① 《孙中山全集》（第 1 卷），中华书局 1981 年版，第 298 页。

胡汉民亲自将"以党治国"的训政方案推向实践,其理论依据便是"政党保姆论"。即:"在向宪政时期进行的程途中,所有军政训政,皆为本党建国时期之工作,一切权力皆由党集中,由党发施。政府由党负其保姆之责,故由党指导,由党拥护,在人民未经政治训练及未完全了解实行三民主义以前,唯有党能代表全国人国负建国之大任,亦唯有党能领导全国人民向三民主义实现之目标而前进。盖国家在革命时期,非此不足以完成其使命也。"①

以"三民主义"为基础、以"政党保姆论"为理论依据的"以党治国",作为训政时期国民政府的基本方针,贯穿于政治、经济、军事等社会生活的方方面面,也成为指导立法实践的一个基本原则。因此,民法典立法原则必须经由国民党中央政治会议审议通过,而此立法原则基本决定了民法典编纂的性质和方向。

五、法典的完成和通过

南京国民政府立法院民法起草委员会于 1929 年 2 月 1 日开始起草民法总则编,同年 4 月起草完成。总则编于 4 月 20 日经立法院三读通过,由国民政府于 5 月 23 日公布,并定于同年 10 月 10 日实施,共 7 章 152 条。总则编公布后,起草委员会着手起草债编,于 11 月完成,国民政府于同年 11 月 22 日公布,债编定于 1930 年 5 月 5 日施行,共 2 章 604 条。物权编于 1929 年 8 月 21 日开始起草,同年 11 月完成,11 月 30 日公布,次年 5 月 5 日施行,共 10 章 210 条。亲属、继承编于 1930 年下半年开始起草,同年年末完成,亲属编共 7 章 171 条,继承编共 3 章 88 条,两编于 12 月 26 日公布,1931 年 5 月 5 日施行。至此,《中华民国民法》得以全部顺利完成。

日本明治民法的编纂进行得也比较顺利,法典调查会从 1893 年 4 月 28

---

① 《胡汉民先生文集》(第 3 册),中国台湾地区"中国国民党中央委员会党史委员会"1978 年版,第 416 页。

日第一次总会开始,至 1898 年 4 月 15 日的整理会,历时五年完成。民法的前三编——总则、物权和债权于 1895 年 9 月提交第九次帝国议会,未加修正于次年 3 月通过,4 月 27 日公布(法律第 89 号)。后两编——亲族和继承于 1898 年 5 月提交第十二次帝国议会,也未加修正于 6 月通过,6 月 21 日公布(法律第九号)。同时宣布"旧民法"失效,民法全编于 1898 年 7 月 16 日开始施行。明治民法终于完成并顺利颁行。

六、单行民事法律的制定

在明治民法制定并颁布的同时以及之后,日本政府相继出台了许多单行民事法律,以推进明治民法的施行,并对民法典的内容进行补充或修改。其中,与明治民法同时公布并施行的有:《民法施行法》《户籍法》《人事诉讼手续法》《非讼事件手续法》和《竞卖法》等。明治民法施行后到第二次世界大战前相继制定并颁布的有:《供托法》《不动产登记法》《失火责任法》《遗失物法》《地上权法》《年龄计算法》《铁道抵当法》《工场抵当法》《矿业抵当法》《建筑物保护法》《先取特权法》《借地法》《借家法》《信托法》《公益质屋法》《抵当证券法》《农业动产信用法》等。

南京国民政府方面,为促进和规范《中华民国民法》的实施,国民政府在制定和颁布民法典各编的同时,还制定了各编的施行法,与各编同时颁布和施行。另外,1929 年还制定颁布了《公司法》《票据法》《海商法》和《保险法》等,作为民商合一的民法典的特别法。

第四节　编制结构的比较

一、《中华民国民法》的编制结构

《中华民国民法》由总则、债、物权、亲属、继承五编组成,共 1 226 条。

第一编总则编共 7 章 152 条,分别是:第一章法例;第二章人(包括 2 节:自然人、法人);第三章物;第四章法律行为(包括 6 节:通则、行为能力、意思表示、条件及期限、代理、无效及取消);第五章期日及期限;第六章消灭时效;第七章权利的行使。

第二编债编共 2 章 608 条,分别是:第一章通则(包括 6 节:债之发生、债之标的、债之效力、多数债务人及债权人、债之移转、债之消灭);第二章各种之债(包括 24 节:买卖、互易、交互计算、赠与、租赁、借贷、雇佣、承揽、出版、委任、经理人及代办商、居间、行纪、寄托、仓库、运送营业、承揽运送、合伙、隐名合伙、指示证券、无记名证券、终身定金、和解、保证)。

第三编物权编共 10 章 207 条,分别是:第一章通则;第二章所有权(包括 4 节:通则、不动产所有权、动产所有权、共有);第三章地上权;第四章永佃权;第五章地役权;第六章抵押权;第七章质权(包括 2 节:动产质权、权利质);第八章典权;第九章留置权;第十章占有。

第四编亲属编共 7 章 171 条,分别是:第一章通则;第二章婚姻(包括 5 节:婚约、结婚、婚姻之普通效力、夫妻财产制、离婚);第三章父母子女;第四章监护(包括 2 节:未成年人之监护、禁治产人之监护);第五章扶养;第六章家;第七章亲属会议。

第五编继承编共 3 章 88 条,分别是:第一章遗产继承人;第二章遗产之继承(包括 5 节:效力、限定之继承、遗产之分割、继承之抛弃、无人承认之继承);第三章遗嘱(包括 6 节:通则、方式、效力、执行、撤销、特留分)。

二、明治民法的编制结构

明治民法由总则、物权、债权、亲族、继承五编组成,共 1 146 条。

第一编总则编共 6 章 174 条,分别是:第一章人(包括 4 节:私权的享有、能力、住所、失踪);第二章法人(包括 4 节:法人的设立、法人的管理、法人的解散、罚则);第三章物(包括 5 节:总则、意思表示、代理、无效及取消、条件及期限);第四章法律行为(包括 5 节:总则、意思表示、代理、无效及取消、条件及期限);第五章期间;第六章时效(包括 3 节:总则、取得时效、消灭时效)。

第二编物权编共 10 章 224 条,分别是:第一章总则;第二章占有权(包括 4 节:占有权的取得、占有权的效力、占有权的消灭、准占有);第三章所有权(包括 3 节:所有权的界限、所有权的取得、共有);第四章地上权;第五章永小作权;第六章地役权;第七章留置权;第八章先取特权(包括 4 节:总则、先取特权的种类、先取特权的顺位、先取特权的效力);第九章质权(包括 4 节:总则、动产质、不动产质、权利质);第十章抵当权(包括 3 节:总则、抵当权的效力、抵当权的消灭)。

第三编债权编共 4 章 326 条,分别是:第一章总则(包括 5 节:债权的目的、债权的效力、多数当事者的债权、债权的转让、债权的消灭);第二章契约(包括 14 节:总则、赠与、买卖、交换、消费借贷、使用借贷、借贷、雇佣、请负、委任、寄托、公司、终身定期金、和解);第三章不当得利;第四章不法行为。

第四编亲族编共 8 章 239 条,分别是:第一章总则;第二章户主和家族(包括 3 节:总则、户主和家族的权利义务、户主权的丧失);第三章婚姻(包括 4 节:婚姻的成立、婚姻的效力、夫妇财产制、离婚);第四章亲子(包括 2 节:实子、养子);第五章亲权(包括 2 节:总则、亲权的效力);第六章监护(包括 4 节:监护的开始、监护的机关、监护的事务、监护的终了);第七章亲族会;第八章扶养的义务。

第五编继承编共 7 章 183 条,分别是:第一章家督继承(包括 3 节:总则、家督继承人、家督继承的效力);第二章遗产继承(包括 3 节:总则、遗产继承人、遗产继承的效力);第三章继承人的承认和抛弃(包括 3 节:总则、承认、抛弃);第四章财产的分割;第五章继承人的缺失;第六章遗嘱(包括 5 节:总则、遗嘱的方式、遗嘱的效力、遗嘱的执行、遗嘱的取消);第七章遗留份额。

三、两部法典编制结构的比较

《中华民国民法》和日本明治民法均采用德国潘德克顿法典编制法，但有三点不同：一是名称不全相同，《中华民国民法》的"债编"在日本明治民法中被称为"债权编"①；二是顺序不同，《中华民国民法》是债编在前，物权编在后，日本明治民法则刚好相反；三是《中华民国民法》采民商合一原则，商法内容亦规定在民法典之中，而日本明治民法采民商分立原则，在民法典之外另行制定单独的商法典。

第五节　性质和特点的比较

一、对资本主义近代民法基本原则的继承和贯彻体现了法典的近代性质

《中华民国民法》明确确认了资本主义近代民法的基本原则，主要体现在：(1)第 6 条规定，"人之权利能力，始于出生，终于死亡"，确认公民民事权利平等的原则。(2)第 765 条规定，"所有人，于法令限制之范围内，得自由使用、收益、处分其所有物，并排除他人之干涉"，确立了近代民法的所有权制度。(3)第 153 条规定，"当事人互相表示意思一致者，无论其为明示或默示，契约即为成立"，从第 154 至 163 条对要约和承诺方式进行了比较详细的规定，肯定了订立契约的自由；第 168 条规定了当事人选择契约形式的自由；其后又规定了当事人变更契约和转移债权的自由等，从总体上确立了契约自由的原则。(4)第 184 条规定，"因故意或过失，不法侵害他人之权利者，负损害赔偿责任"，明确规定了民事责任的过失责任原则。

---

① 　至于《中华民国民法》的亲属编和继承编在日本明治民法中分别被称为亲族编和相续编，则纯属翻译问题，与债编、债权编之别含义不同。

日本明治民法对资本主义近代民法基本原则的继承主要体现在：(1)第1条规定，"私权的享有始于出生之时"，形式上确认了公民民事权利平等的原则。(2)第206条规定，"所有人于法令限制的范围内，有自由使用、收益、处分所有物的权利"，确立了近代民法的所有权制度。(3)第91条规定，"法律行为的当事人，表示了与法令中与公共秩序无关的规定相异的意思时，则从其意思"，有条件地确认了意思自治原则；(4)日本明治民法在债权编中按照德国民法典的表述方式肯定了契约自由的原则，具体体现在法典的第521、526、540条等条文并贯彻于本章各种具体契约的规定之中。(5)明治民法第709条规定，"因故意或过失侵害他人权利者，对因此而产生的损害要负赔偿责任"，明确规定了民事责任的过失责任原则。

人格平等、所有权保护、意思自治、契约自由、过失责任等基本原则的确认和贯彻，体现了《中华民国民法》和明治民法的近代性质。

二、注重本国固有的法律传统和法律习惯

注重吸收本国固有的法律传统和法律习惯，是《中华民国民法》和明治民法的共同特点。

《中华民国民法》对本国固有的法律传统和法律习惯的重视，不仅体现在其明文规定"民事法律未规定者，依习惯，无习惯者，依法理"，确认习惯法的效力。更重要的，它在法典中继承和吸收了我国许多传统民事习俗的内容，其最突出的代表，在财产法方面无疑是典权制度，在人身法方面无疑是家族制度。

典权制度是中国古代民间长期以来形成的一种不动产买卖制度，指出典人将房屋、田地等不动产转交给典权人，收取一定的典价，在约定期限内原价回赎，过期不赎则视为绝卖。该制度始见于《唐明律合编》转引《元律》："诸典卖田宅，从有司给据立契。"明清律对之均有规定。《大清律例增修统纂集成·户律·田宅》规定："民间置买产业，如系典契，务于契内注明回赎

字样；如系买契，亦于契内注明绝卖，永不回赎字样。"①

南京国民政府立法时认为，"我国习惯无不动产质，而有典。……二者比较，典之习惯实远胜于不动产质。因（一）出典人多为经济上之弱者，使其于典物价格低减时抛弃其回赎权，即免负担；于典物价格高涨时有找贴之权利，诚我国道德济弱观念之优点。（二）拍卖手续既繁，而典权人既经多年占有典物，予以找贴即取得所有权，亦系最便利之方法"②，故而决定保留典权制度。

《中华民国民法》在物权编第8章专章对典权制度予以规定。该章首先规定了典权的内容。"典权者，支付典价，占有他人之不动产，而为使用及收益之权利。"（第911条）其次规定了典权人的权利和义务；然后对典权的存续期限进行了规定，根据我国传统习惯及以往的法例，确定典权的期限不得超过30年（第912条）。最后对典权的回赎进行了规定。

《中华民国民法》的典权制度，吸收并发展了《大清律例·户律·典买田宅门》和北洋政府时期《清理不动产典当办法》的内容，对规范民国时期的典卖行为起到一定的积极作用。

家族制度与典权制度一样是我国传统的法律制度。南京国民政府起草民法时，就是否保留"家"在法律上的特定地位问题，多有争论。立法者考虑再三，仍然保留了家族制度，民法亲属编立法理由书对此解释说，"个人主义与家属主义之在今日，孰得孰失，固不无研究余地。但在我国家族制度，为数千年来社会组织之基础，一旦根本推翻，势必窒碍难行，故本法特设关于家制之规定"③。

对于《中华民国民法》之所以保留家族制度，胡汉民分析说："中国家族制度之所以能特殊巩固，有二千余年的历史，乃至到今日在我们民法中必欲

---

① 《法学词典》编辑委员会：《法学词典》，上海辞书出版社1989年版，第548页。
② 谢振民：《中华民国立法史》，张知本校订，中国政法大学出版社2000年版，第772页。
③ 郭卫、周定枚：《六法判解理由总集》（第2册），上海法学书局1935年版，第165页。

保存其精神而不能全部改造，如一般感受新思潮的青年所想像，完全为物质生活的生产方法所决定的。中国自来是农业社会的组织，农业社会需要分工合作，互相为助。而最需要的，无过于劳动力。一族人数增加，便是劳动力增加，于是家族愈大，生产也愈多。由是而土地共有，在一族中，财产消费不分彼此，都正应合他们生活的要求。于是大家族便应运而生长、而巩固、而至于牢不可破。……我们在编订民法，起草亲属继承两编的时候，对于家族制度，便酌斟损益于此。据我们调查社会情况的结果，中国若干都市，已进化到二十世纪欧美式的工业社会而无逊；而大部分农村，却还滞留在中世纪的农业组合中。这种社会进步不齐一的现象，更使立法者不能不从'令公可行'方面去着想，于是承认保存家族制度的精神而酌为变革，在民法上便全行确定了。"①可见，立法者认为，保留家族制度，既是对我国法律传统的继承，又是客观社会现实的需要。

《中华民国民法》对我国固有法律传统和法律习惯的重视在法典用语上亦有所体现，例如，将传统法律及习惯中区分尊卑身份的"辈分"一词引入法典，使其具有正式的法律意义，亦体现了对我国固有的民事习惯和法律传统的重视。民法第 983 条规定："与左列亲属不得结婚：一、直系血亲及直系姻亲；二、旁系血亲及旁系姻亲之辈分不相同者……；三、旁系血亲之辈分相同而在八亲等之内者……"1932 年"院字第 761 号解释"称，"辈分所以序尊卑。收养、婚姻，皆不得乱序，收养人与被收养人须昭穆相当"②。这种解释，完全迎合了我国古代亲属关系以亲疏、嫡庶、尊卑、长幼为标准划分的等级秩序。

此外，《中华民国民法》因我国旧律及习惯均重视婚约，因此在婚姻一章

① 胡汉民：《民法亲属继承两编中家族制度规定之意义》，载《胡汉民先生文集》（第 4 册），中国台湾地区"中国国民党中央委员会党史委员会"1978 年版，第 881—882 页。
② 史尚宽：《亲属法论》，台湾荣泰图书有限公司 1980 年版，第 51 页。转引自朱勇：《中国法制通史》（第 9 卷），法律出版社 1999 年版，第 647—648 页。

中设专节规定婚约,同时在结婚的形式要件上,改变以往几部草案照搬日本民法采用登记主义的做法,采用事实婚主义,这亦是重视传统法律习惯的结果。《中华民国民法》继承和吸收本国固有的法律传统和法律习惯的规定相当多,不赘。

日本法制史上的"法典论争"极大地推动了明治民法的立法者对本国法律传统和法律习惯的重视和继承。穗积陈重向贵族院提交民法案时曾说明:"旧民法"被延期施行的一个很大的原因就是其对本国的习惯在立法中未加参酌。因此,法典调查会对此给予了特别的注意。法典调查会收集了古代的法律、中世的法律、江户时代的法律和惯例、明治维新后的法律、惯例和判例等。对有益的习惯,不用说要保留下来;对保留下来无害的习惯也保留下来;对必须保留、但又有一定害处的习惯,在预设防止弊害发生的规则后予以保留;对非常有害的习惯,予以更改。①

明治民法将许多日本固有的民事传统和法律习惯予以明文规定,加以维护。户主制度和家督继承制度即是最好的例子。再如,明治民法用专章把明治维新前保护地主对农民的封建剥削关系的永佃制度(日本称永小作制度)固定下来。法典第 274 条规定,永小作人(佃农)虽因不可抗力而致其收益上受损失,但地租不能减免;第 275 条又规定,佃农只在因不可抗力而连续三年以上全无收益或连续五年以上其收益少于地租时,才能要求停止租佃关系。否则,必须附着于地主土地二十至五十年(第 278 条)。但地主可因佃农二年以上不按时交齐地租而要求解除租佃关系(第 276 条)。此外,明治民法在进行习惯调查基础上对日本传统的"入会权"②进行规定,亦体现了明治民法对传统习惯的重视。

---

① 《帝国议会贵族院议事速记录(13):第 11、12 议会》(明治 30 年)第 146 页,转引自[日]广中俊雄、星野英一:《民法典的百年》,日本有斐阁 1998 年版,第 33—34 页。

② 入会权是指对山野河海地区,一定集团的排他性的共同使用权。参见吴杰:《日本史辞典》,复旦大学出版社 1992 年版,第 19 页。

明治民法强调对公序良俗的保护,第 90 条规定:"以违反公共秩序和善良风俗的事项为标的的法律行为无效。"随后,第 92 条明文规定,"有与法令中无关公共秩序和规定相异的习惯,如果可以认定法律行为当事人有依该习惯的意思时,则从其习惯",在一定程度上承认了习惯的法律效力。

三、兼收并蓄地引进西方先进民事制度

南京国民政府的民法虽以清末《大清民律草案》和北洋政府时期北洋政府《民律草案》为蓝本,但在编纂的过程中,广泛参考德、日、瑞、法、苏、英、美等国家的民法典,对各国先进的民事制度兼收并蓄。例如,参照最新的苏联民法和泰国民法的体系,在民法典伊始增设"法例"一章。效法英、美、瑞等国,实行民商合一。参照德国、瑞士立法例,明确规定夫妻有相互继承财产的权利,但不设一定之顺位。仿照德国民法,不再区分"使用租赁"与"用益租赁",通称租赁;将消灭时效规定于总则编而将取得时效规定于物权编。学习日本民法,将遗失物之拾得问题详细规定于民法典中。采用瑞士民法有关规定,确认留置权有物权的效力;在债编中以专节规定出版,等等。

《中华民国民法》的亲属、继承两编起草之时,更是对许多国家民法典的相关规定进行广泛比较,审慎取舍。例如,在确定夫妻财产制时,立法者在广泛考察世界各国民法的基础上,将夫妻财产制区分为以下五种:

(1)统一财产制。双方财产,均集中于夫之一方,妻所带入财产之所有权,均移转于夫,而妻只有请求返还权(各国现行法制,惟瑞士民法第 199 条以此为约定制)。

(2)共同财产制。此制之特质,为设定一种夫妻之共有财产,于共有财产外,各许独有财产,夫对于共有财产有管理权及处分权。于共同财产关系终了时,双方或其继承人得将共有财产分析。至共有财产之范围大小不同,故此制可细别为下列 3 种:①一般共同财产制(以此为法定制者,如挪威、芬兰、荷兰、葡萄牙等);②动产及所得共同制(以此

为法定制者,如法国、比国等);③所得共同制(以此为法定制者,如苏俄、西班牙、南美洲数国及美国数州等)。

(3)联合财产制。妻之财产,除保留者外,集中于夫之一方,而无夫妻共有之财产,盖各别保存其原有之财产,特均归夫一方管理耳,夫对于妻所带入之财产,有用益权,及在特定范围内有处分权,此其特质也(以此为法定制者,如德国、瑞士、日本及美国数州等)。

(4)奁产制。妻之财产为担任家用起见,特指定一部分为奁产,由夫管理,与妻之余产虽截然分离,然其所有权仍属于妻,夫对于奁产之全部或一部分,不得移转及扣押(据调查所得,尚无以此为法定制者)。

(5)分别财产制。夫妻对于本人之财产,各别享有所有权、管理权及用益权,而家用在原则上由夫妻平均分担之(以此为法定制者,如奥国、捷克、匈牙利、罗马尼亚、意大利、希腊、土耳其、英国及美国数州等)。①

可见,在立法者确定夫妻财产制度时所考察和参照的国家中,既有欧、美国家,也有亚洲国家;既有资本主义国家,也有社会主义国家;既有联邦制国家,又有单一制国家;既有经济发达国家,又有发展中国家。仅仅从此处所列举的名单上,立法者对世界各国民事制度考察之广泛性可见一斑。

《中华民国民法》对世界各国民事制度的广泛考察和借鉴吸取并不是夫妻财产制度中的特有现象,立法者在起草继承制度中关于继承人之范围、顺序及其应继分,关于配偶的继承顺序及应继分,关于特留财产的范围等内容时,也都广泛地考察了十几个甚至几十个国家民法典的相关规定。对此,学者梅仲协称赞说:"现行民法,采德国立法例者,十之六七,瑞士立法例者,十之三四,而法日苏联之成规,亦尝撷取一二,集现代各国民法之精英,而弃其糟粕,诚巨制也。"②

---

① 谢振民:《中华民国立法史》,张知本校订,中国政法大学出版社 2000 年版,第 784—785 页。

② 梅仲协:《民法要义》,中国政法大学出版社 1998 年版,"初版序"。

明治民法在编纂之时，亦参考、吸取了西方多国民事立法的经验和成果。梅谦次郎曾列举了以下被参照的：法兰西民法草案（1803 年）、德意志民法第一草案（1887 年）、第二草案（1895 年）、普鲁士州民法（1791 年）、萨克森州民法（1863 年）以及德意志的其他州法、奥地利民法（1811 年）、荷兰民法（1829 年）、意大利民法（1865 年）、葡萄牙民法（1867 年）、瑞士债务法（1881 年）、黑山财产法（1888 年）、西班牙民法（1896 年）、比利时民法（1885 年）、英国各单行法、印度契约法（1872 年）、纽约民法（1865 年）、加利福尼亚民法（1871 年），等等。[①]这份清单涉及国家之广着实让人惊叹。难怪法典的起草人之一穗积陈重称，"日本民法典是比较法的产物"，是一种混合的、选择的继受。[②]

当然，对明治民法影响最大的莫过于法国民法和德国民法。但在法国民法和德国民法之间，到底哪部法典对明治民法影响更大，学界有不同观点。

传统看法是：德国民法对日本明治民法的影响更强，这主要是基于采用法国法模式的"旧民法"的失败、明治民法对德国潘德克顿编制法的模仿、日本法典论争后在法学继受上德国法万能时代的到来等现象而得出的结论。"很难解释为什么日本民法典在起草过程中钟摆最后偏向了德国法。当然，一个重要的因素是德国民法典被认为是当时欧洲大陆立法艺术最成熟的产物；另一个因素则是法国民法典技术上的一些缺陷已经十分明显。日本人根本没有觉察出德国民法典的深奥学理与概念主义与他们的民族性格不相契合；实际情况恰恰相反。正如随着时间的推移所表现出来的情况那样，日本法学家愈来愈热衷于系统化的理论思考，而德国法典则充分满足了这样的兴趣。或许还有另外一个因素，那就是德国

---

① 梅谦次郎于明治 40 年 3 月 6 日的讲义。转引自［日］岩田新：《日本民法史》，日本同文馆 1928 年版，第 45—46 页。

② ［日］北川善太郎：《日本法学的历史和理论》，日本评论社 1968 年版，第 20 页。

民法典是德意志帝国的产物,其政治观点肯定被当时极端保守的日本领导人视为气味相投。"①

日本法学家北川善太郎在总结日本继受德国法学时所列举的四个原因亦足以为证:首先,明治维新以后,日本在继受西欧法律时,逐步选择了德国的模式。这主要是日本统治阶级认为,德国保留的浓厚的封建主义、军国主义的政治与法律制度更加适合日本国情的缘故。其次,19世纪后半叶,德国文化从思想界到自然科学的整个科学领域,均超过了欧洲其他各国而取得领先的地位,这不能不影响到当时拼命吸收西欧文化的日本,也不能不影响到日本的民事法学领域。再次,日本民法学的三位奠基人——穗积陈重、梅谦次郎、富井政章之中,穗积陈重和梅谦次郎都是先在英国留学,后转为赴德国留学的。其原因是他们出国学习后发现德国法学在当时的西欧是最发达、最优秀的,这当然要影响到他们后来的民法典的起草、解释和研究工作,影响到整个日本民法学的发展。最后,体现在德国民法典中的德国民法学研究的巨大成果,也是使德国民法学成为日本民法学所效仿的对象的重要原因。德国民法典是德国19世纪概念法学的集大成,它一经颁布就受到了西欧各国法学家的高度赞扬。如法国学者萨莱伊认为德国民法典是已经过去了的世纪(19世纪)的最应该重视的作品,英国学者梅特兰指出德国民法典是全世界所能见到的最好的法典。②

然而到了20世纪后半期,以民法学家星野英一为代表的一批学者提出不同意见。1965年,星野英一发表题为《法国民法典对日本民法典的影响》的论文,通过对法典起草者关于法典起草的一些论述以及对日本民法典制度进行全面细致的分析,认为法国法对明治民法的影响不容忽视,明治民法对法国民法的借鉴和继承不亚于德国民法。对此,学者议论不一,例如,学者加藤雅信等持反对意见,一方面认为认定法国民法对明治民法影响更大

---

① 〔德〕K.茨威格特、H.克茨:《比较法总论》,潘汉典等译,法律出版社2003年版,第516—517页。
② 〔日〕北川善太郎:《日本法学的历史和理论》,日本评论社1968年版,第129—135页。

的理由并不充分,另一方面提出明治民法典不仅参照了德国民法典第一草案,而且参照了第二草案。

学者小柳春一郎总结说:"星野英一的研究为今后的研究提供了基础,并将成为今后类似研究的重要着眼点。民法典的起草委员,以旧民法为法案起草的出发点,除旧民法中特别有问题的规定外,都原封不动地为民法典所继承。即使对旧民法进行了一定的修正,旧民法对民法典的影响也经常可见。法国民法和法国民法学以旧民法为中介对日本民法施加了影响。……从这个角度讲,与其说民法典存在着特定的母法,倒不如说,民法典是多视角的比较法的产物。"①

四、亲属和继承制度既极富创新又保留了相当的传统色彩

就《中华民国民法》在亲属和继承制度上的创新而言,首屈一指的无疑是男女平等原则的确立和贯彻。民法不再把妻视为限制行为能力人;在离婚条件中取消男女性别歧视差别的规定;较为详细地规定了夫妻财产制,保护妇女的财产所有权;不论男女,均平等地享有遗产继承权;明确规定夫妻之间有相互继承财产的权利等。无论是与中国以往的两部民法典草案相比,还是与法国民法典、德国民法典以及日本民法典相比,其进步性都十分显著。尤其是,这种进步发生在有着数千年男尊女卑传统的旧中国,立法者的果敢和魄力不能不使人钦佩。"我国法律思想,素不发达,数千年来,重男轻女,视为事所当然。现行民法,本革命之精神,推翻男性独占之继承制度,认男女有均等之财产继承权,洵为我中华法律史上放一异彩也。"②

当然,《中华民国民法》在亲属和继承制度上的创新远不止此,影响比较大的还有:以血统和婚姻关系为标准将亲属分为夫妻、血亲和姻亲,一举改

---

① [日]五十川直行:《英国法对日本民法的影响(序说)》。转引自[日]广中俊雄、星野英一:《民法典的百年》,日本有斐阁1998年版,第37页。
② 梅仲协:《民法要义》,中国政法大学出版社1998年版,第20页。

变旧律源于宗法制度将亲属分为宗亲、外亲和妻亲的做法；关于亲等的计算采用罗马法亲等计算法，不再适用传统的服制图确定亲属关系；将子女分为婚生和非婚生两类，无嫡子和庶子之别，也取消了嗣子和私子的名称；虽保留家族制度，但关于家之规定相当简单，注重家长的义务，而不偏重家长的权力，且无家产的规定；取消宗祧继承，只规定了遗产继承等。

然而，《中华民国民法》在婚姻和继承上仍然保留了相当多的传统制度。以婚姻制度为例，首先，《中华民国民法》肯定了包办婚姻、买卖婚姻和其他封建习惯。它在结婚的实质要件部分，除婚龄外，特别规定："未成年人结婚，应得法定代理人之同意。"其法定成年年龄为二十岁，而婚龄仅是男十八岁，女十六岁。因此，在盛行早婚的旧中国，这一规定实际上赋予多数结婚当事人的尊亲属包办婚姻的权力。同时，它并无禁止买卖婚姻的条款，却又肯定了"法律所未规定者，依习惯"的原则。据此，司法院的"解释"便称，"习惯上之买卖婚姻，如经双方合意"，得"认为有效"。其次，《中华民国民法》维护夫妻间的不平等关系。在姓名权上，规定"妻以其本姓冠以夫姓"。在住所权上，规定"妻以夫之住所为住所"。在财产权上，以联合财产制为法定财产制，即夫妻的财产联合起来由夫管理，夫对妻之原有财产有使用、收益权及孳息的所有权，妻仅保留原有财产的返还请求权。在父母子女关系上，规定"子女从父姓"，"父母对于权利之行使意思不一致时，由父行使之"。最后，《中华民国民法》维护封建家长制度。规定"家置家长"，家长不能推定时，"以家中之最尊辈者为之"；"家务由家长管理"。此外，《中华民国民法》肯定"亲属会议"制度，而这种漠视个人权利的制度在其他资产阶级民法中，除少数国家（如瑞士）外，均已被取消。①

学者梅仲协也在对男女平等原则称赞有加的同时，批评民国民法对男女平等原则贯彻得不彻底："查男女平等，为国民党妇女运动案及训政时期

---

① 张晋藩：《中国民法通史》，福建人民出版社 2003 年版，第 1202 页。

约法第 6 条（现行宪法第 7 条同）所明定。但依民法第 1018 条、第 1032 条、第 1088 条及第 1089 条之规定以观，妻之行为能力，既不亚于夫，何以联合财产与共同财产，必须由夫管理？等是父母也，何以子女之监护及其财产之管理，必先父而后母？立法者虽以男女平等相号召，究其实际，依然重男而轻女也。"①《中华民国民法》的亲属和继承制度既极富创新，又保留了相当多的传统色彩，这体现了新思想与旧传统的妥协。

与《中华民国民法》相似，明治民法的亲属和继承制度有所创新，如虽保留了户主制度，但只是强调维护户主对其他家庭成员人身权的控制，家庭成员的财产权则基本不受户主的干涉，这种制度其实已与日本传统的户主制度有较大差异。同时，明治民法也保留了许多陈旧的传统家族制度的内容，如下所述。

明治民法亲族编规定了总则、户主及家族、婚姻、亲子、亲权、监护、亲族会、抚养义务等项内容，基本精神在于确认和维护以男性为中心的传统家族制度。1890 年的"旧民法"曾将户主及家族制度列在人事编末尾，新民法将其提到亲族编开首，说明新民法对保护家族制度的重视。明治民法的亲族编在很大程度上沿用了德川幕府时代以男性为中心的"家"的制度，法典专章对户主的特权与家属成员的从属地位作了具体规定，强调户主在家族中的统治地位，轻视家族其他成员的个人人格和权利。根据法典，凡以亲族关系而聚居者为家族，户主为家族之长，户主身份除法律规定的原因外不得变更，家族成员须在户主指定的地点居住，家族的婚姻或收养等重要事项须取得户主同意，否则户主可将其赶出家族。

明治民法在婚姻关系上规定了夫权，确认夫妻间的不平等地位。妻从属于夫，行为能力受限制。例如，妻子缔结任何有关自己的人身或财产契约，必须取得丈夫同意。如无丈夫许可，丈夫可取消契约。妻子财产亦由丈

---

① 梅仲协：《民法要义》，中国政法大学出版社 1998 年版，第 20 页。

夫管理,不许单独储存与动用。在判决离婚的条件上,男方可因女方的通奸行为而起诉离婚,反过来,女方只能在男方犯奸淫罪并被处刑时才能起诉离婚,男女双方的离婚条件极不对等。

在继承制度上,日本明治民法规定继承分为家督继承和财产继承。家督继承即沿用日本传统固有的对户主权利和义务的继承,其继承顺位是男子优于女子、婚生子女优于非婚生子女、并且均以年长者为优先(第 970条),目的在于维护贵族的身份地位不致紊乱,使传统家族制度得以传续。在遗产继承中,虽然确定诸子均分,但又规定直系卑亲属若有数人,庶子及非婚生子女的应继分为婚生嫡子应继分的二分之一,而且法定家督继承人直系卑亲属的特留份多于他人。

五、《中华民国民法》强调保护社会公益

与日本明治民法相比,尤其是与《大清民律草案》和北洋政府《民律草案》相比,《中华民国民法》十分强调对社会公益的保护,它以社会本位主义为民法典的立法原则,将对社会公益的保护几乎贯彻到了法典的每一个角落。

由 19 世纪末开始,随着垄断资本主义的发展,资产阶级民事立法发生了由"契约自由"向"国家干涉主义"、由"权利本位"向"社会本位"的转变。南京国民政府在制定民法典时根据资产阶级立法的最新进展,采取以"社会本位"为主的立法原则,强调只有个人利益不违背社会公共利益时,始予保护。同时为公共利益而对于权利的行使、契约的订立以及其他民事法律行为作了较严格的限制。《中华民国民法》对社会公益的全面保护,主要体现在以下五个方面。

1. 以维护公共秩序和善良风俗为原则

《中华民国民法》明确规定"法律行为有背于公共秩序或善良风俗者无效"(第 72 条);"民事所适用之习惯以不背于公共秩序或善良风俗者为限"

（第 2 条）；"法人之目的或其行为有违反法律、公共秩序或善良风俗者，法院得因主管官署、检察官或利害关系人之请求、宣告解散"（第 36 条）；"因条件成就，而受不利益之当事人如以不正当行为促其条件成就者，视为条件已成就。因条件成就，而受利益之当事人如以不正当行为促其条件成就者，视为条件不成就"（第 101 条）；"给付系履行道德上之义务者，不得请求返还"（第 180 条）；"因故意侵权行为而负担之债，其债务不得主张抵销"（第 339 条）。

2. 对所有权进行限制

为防止财产所有人因滥用所有权而造成他人或社会利益的损害，《中华民国民法》第 765 条规定，所有权必须"于法令限制范围内"行使；对于土地所有权的行使，"土地所有权，除法令有限制外，于其行使有利益之范围内及于土地之上下。如他人之干涉无碍其所有权之行使者，不得排除之"（第 773 条）；第 774 条至第 800 条关于相邻权或其他之规定，目的亦在于限制所有权的行使。

3. 对契约自由进行限制

《中华民国民法》第 74 条规定，"法律行为系乘他人之急迫、轻率或无经验使其为财产上之给付，或为给付之约定，依当时情形显失公平者，法院得因利害关系人之申请，撤销其法律行为或减轻其给付"；第 148 条规定，"权利之行使，不得以损害他人为主要目的"；第 205 条规定，"约定利率超过周年百分之二十者，债权人对于超过部分之利息，无请求权"；第 219 条规定，"行使债权、履行债务，应依诚实及信用方法"。如此等等，均为出于保护社会公益考虑而对契约自由的限制。

4. 无过失责任的引入

自 19 世纪末以来，随着工业生产的发展和大企业的日益增多，尤其是随着铁路、飞机、汽车等交通工具的出现和电力、水力的广泛应用，因企业的生产事故或因交通事故而引发的工人或第三者遭受人身和财产损害的情况日益增多。如果仅因企业主已尽到相当的注意义务，就根据过失责任原则免除企业主的赔偿责任,则作为弱势一方的工人或第三者所遭受的损害无从得到补偿。为解决这种情况,国外开始出现无过失责任的规定。南京国民政府的民法在赔偿责任问题上以过失责任为基础,以无过失原则为补充。民法中涉及适用无过失原则的内容很多,史尚宽先生在《民法原论总则》一书中曾将相关规定列举如下。

1 因错误而撤销意思表示时,表意人对于信其意思表示为有效而受损害之相对人或第三人所负赔偿责任(民法 91 条);

2 无权代理人对于善意之相对人所向之损害赔偿责任,代理人不能证明其代理权即应负责。其有过失与否,在所不问(民法 110 条);

3 正当防卫,逾越必要程度之赔偿责任。不问行为人就逾越之原因有无过失,均应负责(民法 149 条);

4 紧急避险因逾越危险所能致损害之程度之赔偿责任。行为人有过失与否,在所不问(民法 150 条);

5 在自助行为,声请援助被驳回,或声请迟延时所负赔偿责任(民法 152 条 2 项);

6 对于管理事务人,本人所负之赔偿责任(民法 176 条);

7 无意识或精神错乱中所为行为之赔偿责任(民法 187 条 4 项);

8 无行为能力人或限制行为能力人之赔偿责任(民法 187 条 3 项);

9 雇用人就受雇人之行为所负之赔偿责任(民法 188 条 2 项);

10 债务人就其代理人或使用人为债务履行时之故意或过失所负之责任(民法 224 条);

11 债务人支付迟延利息之责任(民法 233 条);

12 在清偿地不同之债务,为抵销之人对于他方因抵销而生之损害所负之赔偿责任(民法 336 条);

13 出卖人就其所保证之出卖物品质所负之赔偿责任(民法 360 条);

14 承租人对于其同居人或其允许为租赁物使用收益之第三人应

负责之事由,所致租赁物之毁损灭失,应负之赔偿责任(民法 433 条);

15 定作人对于承揽人因其终止契约所生损害之赔偿责任(民法 511 条);

16 委任人对于受任人因处理事务所受损害之赔偿责任(民法 546 条)。委任人或受任人因其终止契约所负之赔偿责任(民法 549 条);

17 寄托人因寄托物之性质或瑕疵对于受寄人所负之赔偿责任(民法 569 条);

18 旅店或其他以供客人住宿为目的之场所主人对于客人所携带物品之毁损丧失所负之赔偿责任(民法 606 条);

19 饮食店浴堂之主人对于客人所携带通常物品之毁损丧失所负之赔偿责任(民法 607 条);

20 运送人对于运送物之丧失毁损或迟到所负之赔偿责任(民法 634 条);

21 运送人就其雇用之人或其所委托为运送之人之行为所负之责任(民法 636 条、658 条);

22 对于水源地或井之所有人因工事杜绝减少或污秽其水时所负之赔偿责任(民法 782 条);

23 设堰人对于对岸水流地所有人之赔偿责任(民法 785 条);

24 土地所有人使用邻地时所负之赔偿责任(民法 786 条 1 项至 788 条、792 条、796 条);

25 取回物品或动物对于土地所有人所负之赔偿责任(民法 791 条);

26 使用他人正中宅门所负之赔偿责任(民法 800 条);

27 质权人就转质所负之赔偿责任(民法 891 条)。[1]

---

[1] 史尚宽:《民法原论总则》,台湾大东书局 1947 年版,第 39—41 页。

5. 酌情减免义务人的责任

为维护社会秩序、保护社会公益,《中华民国民法》在规定当事人应严格按照法律享受权利、承担义务的同时,结合我国风俗习惯和人情世故,允许法官在断案时根据义务人的经济状况及案件其他具体情况在一定程度上减免义务人的责任。例如,《中华民国民法》第 218 条规定,"损害非因故意或重大过失所致者,如其赔偿致赔偿义务人之生计有重大影响时,法院得减轻其赔偿金额";第 220 条规定,"债务人就其故意或过失之行为,应负责任。过失之责任依事件之特性而有轻重,如其事件非予债务人以利益者,应从轻酌定";第 252 条规定,"约定之违约金额过高者,法院得减至相当之数额";第 318 条规定,"债务人无为一部清偿之权利。但法院得斟酌债务人之境况,计其于无损害于债权人利益之相当期限内,分期给付,或缓期清偿。给付不可分者,法院得比照前项但书之规定,许其缓期清偿";第 418 条规定,"赠与人于赠与约定后,其经济状况显有变更,如因赠与致其生计有重大之影响,或妨碍其扶养义务之履行者,得拒绝赠与之履行";第 457 条规定,"耕作地之承租人,因不可抗力,致其收益减少或全无者,得请求减少或免除租金"等。

六、关于平等原则

与明治民法相比,重视并全面贯彻平等原则确是《中华民国民法》的一大特点。《中华民国民法》所规定和体现出来的平等,不仅包括男女平等,而且包括雇用人与受雇人的平等、债务人与债权人的平等、承租人与出租人的平等、所有权人与佃权人之间的平等,内容非常广泛。同时,在注重形式平等的基础上,更致力于追求实质上的平等,尤其体现在对弱者的特别扶助,使其在社会上与强者处于平等地位。民法的平等原则主要体现在以下诸多方面。

1. 人人平等

《中华民国民法》第 6 条"人之权利能力,始于出生,终于死亡"的规定和第 12—16 条的规定,确认了公民民事权利平等的原则,每个人都平等地享有权利能力。

2. 男女平等

《中华民国民法》不把妻视为限制行为能力人；取消离婚条件中男女性别歧视差别的规定；较为详细地规定了夫妻财产制；确定男女平等的遗产继承权等。

3. 非婚生子女与婚生子女平等

《中华民国民法》第 1065 条规定："非婚生子女经生父认领者，视为婚生子女。"

4. 雇用人与被雇用人平等

在保护双方的合法权益的基础上，尤为重视对作为弱者一方的被雇用人的保护。如《中华民国民法》第 483 条规定，"如依情形，非受报酬即不服劳务者，视为允与报酬。未定报酬者，按照价目表所定给付之。无价目表者，按照习惯给付"；第 487 条规定，"雇用人受领劳务迟延者，受雇人无补服劳务之义务，仍得请求报酬。但受雇人因不服劳务所减省之费用，或转向他处服劳务所取得或故意怠于取得之利益，雇用人得由报酬额内扣除之"；第 488 条规定，"雇用未定期限，亦不能依劳务之性质或目的定其期限者，各当事人得随时终止契约，但有利于受雇人之习惯者，从其习惯"。

5. 房屋承租人与所有人平等

为保护承租人的安全，《中华民国民法》第 424 条规定，"租赁物为房屋或其他供居住之处所者，如有瑕疵，危及承租人或其同居人之安全或健康时，承租人虽于订约时已知其瑕疵，或已抛弃其终止契约之权利，仍得终止契约"；第 425 条规定，"出租人于租赁物交付后，纵将其所有权让与第三人，其租赁契约，对于受让人，仍继续存在"。虽在形式上对房屋所有权进行较多的限制，但目的是追求实质上的平等。

6. 债务人与债权人平等

《中华民国民法》既注重保护债权人利益，如第 233 条规定："迟延之债务，以支付金钱为标的者，债权人得请求依法定利率计算之迟延利息。但约定利率较高者,仍从其约定利率";又注重保护债务人利益,如第 208 条规定:"于数宗给付中,得选定其一者,其选择权属于债务人。但法律另有规定或契约另有订定者,不在此限。"

7. 著作人与出版人平等

《中华民国民法》第 518 条至第 527 条做了详细规定,不赘。

第六节　影响和评价

《中华民国民法》不仅是我国历史上第一部颁布实施的民法典,而且 1949 年后,该法典作为调整我国台湾地区各种民事法律关系的基本法一直被沿用至今。虽然其后台湾地区"立法院"对它进行了一定修正,台湾地区"司法院"和"最高法院"通过制定、公布单行法规和判例对法典内容进行了补充、完善和发展,但该民法典的骨架和基本内容却始终未有大的变化。此外,《中华民国民法》出台之后,亦成为其他国家和地区编纂民法典时效仿的对象,例如,伪满洲国民法典和《韩国民法典》制定之时,就广泛参酌并大量吸收了《中华民国民法》的内容。

《中华民国民法》出台伊始,便得到许多民国学者的称赞。例如,吴春桐认为,这部民法是具有"卓著革新精神之新时代立法";吴经熊认为,民法的颁布是在"法制史上何等重要、何等光荣的一页",虽然照搬了大量西方近代民法的规定,但"泰西最新法律思想和立法趋势,和中国原有的民族心理适相吻合,简直是天衣无缝";史尚宽称赞民法符合三民主义精神;胡长清在其《中国民法总论》中更是歌颂道:"此庄严伟大之民法法典,先后两年,全部完成,不可谓非我国立法史上一大可纪念之事业。"①

---

① 胡长清:《中国民法总论》,中国政法大学出版社 1997 年版,第 19 页。

　　后世对《中华民国民法》的评价可谓褒贬不一。赞成者认为,《中华民国民法》因其制定的时间远远晚于日本,故而近代的色彩最为浓厚,"国民政府成立于南京后,始以三民主义为最高之立法指导原则,融合我国固有法制及欧美最新民事法学思想,制定现行民法,并成为当时世界上最进步之民法法典"①。反对者认为,由于大规模地继受西方法制,中华民国"民法典"所含社会事物之理,"既非现实真理之反映,亦非过去社会真理之陈迹,毋宁是将来社会真理追求之目标,社会情况与民法规定有甚大距离"②;该法典"过于超前,与中国当时的国情脱节,加之不文不白的文体,使得其在国民党统治区适用的 20 年期间,始终与国民的生活隔膜"③。

　　上述两种不同观点的着眼点,实际上都在于《中华民国民法》的前瞻性。前者认为,这种前瞻性符合近代法学理念,体现了近代民法发展的前途和方向,因此以肯定的态度将民法典的前瞻性归结为一种进步性;后者则认为这种前瞻性割裂了法典与现实的联系,影响了法典的实施效果,因此以否定的态度将民法典的前瞻性归结为一种与现实脱离的超前性。

　　关于如何看待这种前瞻性,笔者认为:法典具有一定前瞻性是必要的。因为社会发展是一刻也不会停息的,而法典一旦制定并颁布出来就具有比较固定和相对稳定的性质,立法者不可能朝令夕改。因此,科学地分析和预测社会的发展趋势,充分吸收先进的法学理论,既有助于增强法典的适用性,延长法典的生命力,又能充分发挥法典对社会现实和人们思想观念的指导功能,促使人们改变陈旧陋习,树立先进的司法理念,从而反过来推动社会向前发展。至于《中华民国民法》出台之始未能在现实中发挥重大作用,有着其深刻的政治、经济、文化、社会意识等诸多方面的原因,我们不能将原

①　王任远:《中华民国民法制定史料汇编序》,载中国台湾地区"司法行政部民法研究修正委员会";《中华民国民法制定史料汇编》,"司法行政部总务司"1976 年版,"序言"第 2 页。
②　王泽鉴:《民法学说与判例研究》(第 1 册),中国政法大学出版社 1998 年版,第 275 页。
③　刘锐:《近代中国民法典之路》,《人民法院报》2003 年 3 月 24 日理论版。

因完全归咎于法典的前瞻性。就法典本身而言,"这部民法典在立法的形式和技术方面是成功的,或者说在法律文本的意义上它是中国历史上具有开创性的一部民法典。但是,由于南京国民政府统治下的中国仍是一个具有浓厚的半殖民地半封建社会色彩的国家,经济贫穷、政治专制、文化闭塞、社会意识落后的社会状况,决定了无论制定出多么完美的法律,其社会实施的效果都是要大打折扣的"①。

无论如何,对南京国民政府在立法上取得的成就不可一概否定。"南京国民政府建立以后,加速了法律近代化的步伐,南京国民政府的立法者们总结清末法制改革以来各个时期民国政府在立法方面的经验和教训,吸收西方各国先进的法律理论和制度,同时保留中国传统法律中的一些原则,以期建立一个既符合法律发展的潮流、又在一定程度上符合中国国情民风的法律体系。以宪法、民法、商法、刑法、民事诉讼法、法制编制法为主干的六法体系的形成,标志着当时中国在西方先进法文化和移植与法律资源的本土化方面取得了显著成果,标志着以近代法律理论为指导、具有近代特征的法律制度在中国的成长与确立。开始于清朝末年的中国法律近代化进程至此得以初步完成。"②

明治民法以近代的法国民法典和德国民法典为蓝本,继承和吸收了资本主义近代民法的基本原则,因此无疑具有资本主义近代法典的性质。但同时,明治民法是一部相当错综复杂的法典,"民法典中的家族、继承两编确保了日本传统制度的本旨;其余财产法方面的规定则同西欧民法基本属于同一类型;而土地等方面的制度却又不得不在相当程度上维持封建惯习"③。不仅财产法部分与人身法部分之间存在着突出的矛盾,财产法内部各具体规定之间也存在明显的矛盾。这些矛盾难免为民法典日后的实际适

---

① 张晋藩:《中国民法通史》,福建人民出版社 2003 年版,第 1211 页。

② 郭成伟、马志刚:《历史境遇与法系构建:中国的回应》,《政法论坛》2000 年第 5 期。

③ 参见[日]福岛正夫编:《日本近代法体制的形成(上卷)》,日本评论社 1981 年版,第 2 页。

用造成障碍。

　　然而，无论如何，作为日本历史上第一部真正实施的民法典，明治民法的价值和意义不容轻视。它凝聚了 20 世纪末日本一流民法学家的集体智慧，代表了当时日本法学的最高水平。明治民法自颁布实施以来，已百年有余，虽经多次修正，但一直沿用至今。民法是近代国家法律体系中的重要组成部分，明治民法的颁行，不仅使社会生活中的民事行为有法可依，而且极大地促进了日本民法学的发展；不仅使明治政府建立和完善近代法律体系的任务大大完成了一步，而且为日本修改不平等条约、收回治外法权起到了积极的推动作用。

　　同时，明治民法也是亚洲历史上第一部系统、完整的近代民法典，该民法典出台以后，对中国、韩国以及其他亚洲国家的民事立法都产生了广泛而深远的影响。

第五章
中日民法近代化从开端走向完成

　　本章对中日两国民法近代化从开端走向完成这一过程的比较主要分为三个层次：一是中国民法近代化开端期与完成期的比较，体现在《大清民律草案》与《中华民国民法》两部法典的比较之中；二是日本民法近代化开端期与完成期的比较，体现在《大清民律草案》与《中华民国民法》两部法典的比较之中；三是中日两国民法近代化不同阶段的比较，体现在对中日两国民法近代化过程中政治经济状况、法学发展水平、法律移植特点、对本国法律传统的态度、法典编纂技术等诸多方面的比较中。

第一节　《大清民律草案》与
《中华民国民法》的比较

　　本节主要以列表方式将《大清民律草案》与《中华民国民法》的内容逐编进行详细比较。

一、总则编的比较

　　相比《大清民律草案》，《中华民国民法》总则编的变化主要体现在：（1）不再将法人单列一章，而是规定在第二章人之中；（2）采取男女平等原

表 5.1 《大清民律草案》与《中华民国民法》总则编比较表

名称	总则编	总则编
排序	《大清民律草案》第一编	《中华民国民法》第一编
章节内容	第一章法例； 第二章人（包括 6 节：权利能力、行为能力、责任能力、住址、人格保护、死亡宣告）； 第三章法人（包括 3 节：通则、社团法人、财团法人）； 第四章物； 第五章法律行为（包括 5 节：意思表示、契约、代理、条件及期限、无效撤销及同意）； 第六章期间及期日； 第七章时效（包括 3 节：通则、取得时效、消灭时效）； 第八章权利之行使及担保。	第一章法例； 第二章人（包括 2 节：自然人、法人）； 第三章物； 第四章法律行为（包括 6 节：通则、行为能力、意思表示、条件及期限、代理、无效及取消）； 第五章期日及期限； 第六章消灭时效； 第七章权利的行使。

则，不认为妻是限制行为能力人；(3)规定禁治产制度时附设监护人，取消了准禁治产、保佐人、照管人等名称；(4)注重权益，无论是社团法人还是财团法人，未经向主管机关登记，均不得成立，且公益社团和财团在登记前须得主管机关之许可；(5)总则编中不再专设有关外国法人之规定；(6)契约作为发生债权、债务之原因规定于债编中，总则编中不再规定契约通则；(7)取消复代理之规定，仅规定法定代理和意定代理共通之原则，二者的具体内容则分别规定于债编和亲属编中；(8)依照德国民法，将消灭时效规定于总则编，而将取得时效规定于债编。

二、债（权）编的比较

相比《大清民律草案》，《中华民国民法》债（权）编的变化主要体现在：(1)将本编之名称规定为"债"而非"债权"；(2)采民商合一之原则，故将商行为中的买卖、交互计算、行纪、仓库、运输营业及承揽运输等归入本编第二章，且将章名由"各个契约关系"改为"各种之债"；(3)仿德国民法，不再设租

表 5.2 《大清民律草案》与《中华民国民法》债（权）编比较表

名称	债权编	债 编
排序	《大清民律草案》第二编	《中华民国民法》第二编
章节内容	第一章通则（包括 6 节：债权之标的、债权之效力、债权之让与、债权之责任、债权之消灭、多数债权人及债务人）； 第二章契约（包括 20 节：通则、买卖、互易、赠与、使用赁贷权、用益赁贷借、使用贷借、消费贷借、雇佣、承揽、居间、委托、寄托、合伙、隐名合伙、终身定期金契约、博戏及赌事、和解、债务约束及债务认诺、保证）； 第三章广告； 第四章发行指示证券； 第五章发行无记名证券； 第六章管理事务； 第七章不当利得； 第八章侵权行为。	第一章通则（包括 6 节：债之发生、债之标的、债之效力、多数债务人及债权人、债之移转、债之消灭）； 第二章各种之债（包括 24 节：买卖、互易、交互计算、赠与、租赁、借贷、雇佣、承揽、出版、委任、经理人及代办商、居间、行纪、寄托、仓库、运送营业、承揽运送、合伙、隐名合伙、指示证券、无记名证券、终身定金、和解、保证）。

赁与用益租赁之区别，通称租赁；（4）仿瑞士民法，设置专节规定出版；（5）对债务约束、债务认诺和赌博不再以专节规定之。

三、物权编的比较

表 5.3 《大清民律草案》与《中华民国民法》物权编比较表

名称	物权编	物权编
排序	《大清民律草案》第三编	《中华民国民法》第三编
章节内容	第一章通则； 第二章所有权（包括 4 节：通则、不动产所有权、动产所有权、共有）； 第三章地上权； 第四章永佃权； 第五章地役权； 第六章担保物权（包括 5 节：通则、抵押权、土地债务、不动产质权、动产质权）； 第七章占有。	第一章通则； 第二章所有权（包括 4 节：通则、不动产所有权、动产所有权、共有）； 第三章地上权； 第四章永佃权； 第五章地役权； 第六章抵押权； 第七章质权（包括 2 节：动产质、权利质）； 第八章典权； 第九章留置权； 第十章占有。

相比《大清民律草案》,《中华民国民法》物权编的变化主要体现在:
(1)因担保物权与用益物权相对立,系学术上之用语,且我国典权实际具有
担保物权与用益物权的双重性质,二者难以区分,故不再使用担保物权的名
称;(2)仿照日本民法,关于遗失物,规定于动产所有权中,不再以专门法律
予以规定;(3)取消土地债务之规定;(4)仅规定了动产质权和权利质权,取
消不动产质权的规定;(5)设置专章规定典权;(6)仿瑞士民法,明确承认留
置权有物权之效力,在本编规定之。

四、亲属编的比较

表 5.4　《大清民律草案》与《中华民国民法》亲属编比较表

名称	亲属编	亲属编
排序	《大清民律草案》第四编	《中华民国民法》第四编
章节 内容	第一章通则; 第二章家制(包括 2 节:总则、家长和家属); 第三章婚姻(包括 4 节:婚姻之要件、婚姻之无效及撤销、婚姻之效力、离婚); 第四章亲子(包括 5 节:亲权、嫡子、庶子、嗣子、私生子); 第五章监护(包括 3 节:未成年人之监护、成年人之监护、保佐); 第六章亲属会; 第七章扶养之义务。	第一章通则; 第二章婚姻(包括 5 节:婚约、结婚、婚姻之普通效力、夫妻财产制、离婚); 第三章父母子女; 第四章监护(包括 2 节:未成年人之监护、禁治产人之监护); 第五章扶养; 第六章家; 第七章亲属会议。

相比《大清民律草案》,《中华民国民法》亲属编的变化主要体现在:
(1)以血统及婚姻二者为标准将亲属分为夫妻、血亲和姻亲;(2)关于亲等之
计算采用罗马法亲等计算法;(3)设置专节规定婚约,但以婚约为非要式行
为;(4)不把妻视为限制行为能力人;(5)以注重增进种族之健康为原则,将
不治之恶疾和重大不治之精神病列为解除婚约和离婚的原因;(6)在结婚之

形式要件上,弃登记主义而采事实婚主义;(7)关于离婚之条件无男女性别歧视之差别;(8)较为详细地规定了夫妻财产制;(9)将子女分为婚生和非婚生两类,无嫡子和庶子之别,也取消了嗣子和私子的名称;(10)关于父母对子女的关系,主要从义务方面规定,而不偏重父母之权利,故亲权之范围缩小;(11)不设监督监护人之规定,将监督之重任归于亲属会议,且不许检察官干涉之;(12)关于家之规定相当简单,注意家长之义务,而不偏重家长之权利,且无家产之规定。

五、继承编的比较

表 5.5 《大清民律草案》与《中华民国民法》继承编比较表

名称	继承编	继承编
排序	《大清民律草案》第五编	《中华民国民法》第五编
章节内容	第一章通则; 第二章继承(包括 2 节:继承人、继承之效力); 第三章遗嘱(包括 5 节:总则、遗嘱之方法、遗嘱之效力、遗嘱之执行、遗嘱之撤销); 第四章特留财产; 第五章无人承认之继承; 第六章债权人或受遗人之权利。	第一章遗产继承人; 第二章遗产之继承(包括 5 节:效力、限定之继承、遗产之分割、继承之抛弃、无人承认之继承); 第三章遗嘱(包括 6 节:通则、方式、效力、执行、撤销、特留分)。

相比《大清民律草案》,《中华民国民法》继承编的变化主要体现在:(1)取消宗祧继承,只规定了遗产继承;(2)不论男女,均平等拥有遗产继承权;(3)明确规定夫妻之间有相互继承财产的权利,且依照德国和瑞士等国法例,不设一定之顺位;(4)容许限定继承,以免除父债子还之累;(5)详细规定了遗嘱的方式以便当事人自由选择适用。

第二节　"旧民法"与明治民法的比较

作为指导明治民法编纂工作的基本方针,《法典调查规程》第一条便规定:"对既成法典的各条款进行查复,给予必要的修补和删正。"可见,新民法典的编纂,并非抛开"旧民法"、重新制定一个全新的民法,而是以"旧民法"为基础,通过对"旧民法"进行一定修正而创立新民法。

对明治民法和"旧民法"之间的继承关系,许多日本法学者给予了充分的重视。民法典的起草者之一梅谦次郎就明白地说,明治民法从形式上看类似于德国民法典,因此"世间往往误以为其独仿德国民法典",然而,估计至少有一半内容是模仿法国民法典制订而来的。同为法典起草者的富井政章也认为,明治民法以"旧民法"和法国民法典为母法,同时更多地参酌富有最新民法学成果的德国民法典草案。此外,富井政章的辅助员仁井田对明治民法的起草委员在对"旧民法"进行批评的基础上在哪些地方沿用"旧民法"进行研究,并得出"'旧民法'具有相当影响"的结论。实际上,查阅明治民法的条文,关于物权变动的意思主义、对抗要件主义、先取特权规定、抵当权的消除、关于危险负担的债权者主义等,是法德民法的分歧点,在这些问题上,明治民法均继承法国民法而沿用了"旧民法"的规定,从"旧民法"保留下来的条文在明治民法中占据相当大的位置。①

在充分肯定明治民法与"旧民法"之间继承性和连续性的同时,我们还必须看到二者之间明显的差异性。明治民法对"旧民法"的修正正如穗积陈重在其提出的方针意见书中所说的那样,是"根本的修正"②。

① 〔日〕川口由彦:《日本近代法制史》,日本新世纪株式会社 1998 年版,第 287—288 页。
② 〔日〕牧英正、藤原明久:《日本法制史》,日本青林书院 1993 年版,第 357 页。

明治民法与"旧民法"在编制结构和内容上的区别通过以下两个表格可以明显看出。

表 5.6 "旧民法"与明治民法财产法部分对照表

名称	旧民法	明治民法
排序	第一编财产编	第一编总则编
章节内容	总则 物权:第一章所有权;第二章用益权、使用权及居住权;第三章租赁权、永住权和地上权;第四章占有权;第五章地役权。 债权:第一章义务的原因;第二章义务的效力;第三章义务的消灭;第四章自然义务。 第二编财产取得编(部分) 第一章先占;第二章添付;第三章买卖;第四章交换;第五章和解;第六章公司;第七章射幸;第八章消费借贷;第九章使用借贷;第十章寄托和保管;第十一章代理;第十二章雇佣。 第三编财产担保编 对人担保:第一章保证;第二章连带。 对物担保:第一章留置权;第二章动产置权;第三章不动产置权;第四章先取特权;第五章抵当。 第四编证据编 证据:第一章法官的考察;第二章直接证据;第三章间接证据。 时效:第一章时效的性质和适用;第二章时效的抛弃;第三章时效的中断;第四章时效的停止;第五章不动产的取得时效;第六章动产的取得时效;第七章免责时效;第八章特殊时效。	第一章人;第二章法人;第三章物;第四章法律行为;第五章期间;第六章时效。 第二编物权编 第一章总则;第二章占有权;第三章所有权;第四章地上权;第五章永小作权;第六章地役权;第七章留置权;第八章先取特权;第九章质权;第十章抵当权。 第三编债权编 第一章总则;第二章契约(包括总则、赠与、买卖、交换、消费借贷、使用借贷、借贷、雇佣、请负、委任、寄托、公司、终身定期金、和解);第三章不当得利;第四章不法行为。

表 5.7　"旧民法"与明治民法人身法部分对照表

名称	旧民法	明治民法
排序	第五编人事编	第四编亲族编
章节内容	第一章私权的享有及行使;第二章国籍;第三章亲属;第四章婚姻;第五章离婚;第六章父母和子女;第七章收养;第八章解除收养;第九章亲权;第十章监护权;第十一章行为能力;第十二章无行为能力;第十三章户主和家族;第十四章住所;第十五章失踪;第十六章身份证书。 第二编财产取得编(部分) 　　第十三章继承;第十四章赠予及遗赠;第十五章夫妇财产契约。	第一章总则;第二章户主和家族;第三章婚姻;第四章亲子;第五章亲权;第六章监护;第七章亲族会;第八章扶养的义务。 第五编继承编 　　第一章家督继承;第二章遗产继承;第三章继承人的承认和抛弃;第四章财产的分割;第五章继承人的缺失;第六章遗嘱;第七章遗留份额。

　　明治民法对"旧民法"进行修正,最为突出的是法典条数从"旧民法"的 1 762 条缩减至明治民法的 1 146 条。其中,家族法部分从 443 条修正到 422 条似乎变化不大,财产法部分则从 1 319 条修正到 724 条几乎减了一半。这主要因为立法者将那些原属公法的法条转往行政法或其他特别法、将那些原属程序法的法条转往民事诉讼法或其他特别法、因而使实体私法更加纯粹化。例如,"旧民法"中关于国民身份的规则、关于身份证书的规则、关于证据的规则、关于不动产登记的规则等都被明治民法弃而不用。同时,明治民法将"旧民法"中的定义、引例基本予以削除,大大提高了法典的概括性和抽象性,结构也更加紧凑严密。

　　在许多具体规定上,明治民法也作了根本性的修改。如在财产法方面,明治民法否定了"自然义务"的观念,代之以"法定义务"的规定;明确规定作为权利客体的物是有形物,不再包括无形物;增加了物权法定主义的规定,不承认民法及特别法令没有规定的物权的效力;废除了"旧民法"中的用益权一章,使所有权的效力绝对化;把"旧民法"中作为物权的租赁权改为债权;明确承认了入会权的效力,把它作为物权的一种;在总则中对法人作了详细的规定,而"旧民法"对法人的规定相当简单;承认典当过期而丧失赎回权的法律效力,而"旧民法"中对于动产和不动产的典当都禁止此项规定;"旧民法"把估计能得到金钱收益作为债权的唯一目的,这被认为是违反伦理的规定,修改后的明治民法规定,债权的目的不只限于此;延长了雇用契约的最长期限,把"旧民法"中规定的 1 年延长为 5 年。①

明治民法对"旧民法"的"根本性修正"还突出体现在其亲族编和继承编中。从形式方面而言,潘德克顿编纂体系的基本特征便是财产法和人身法的明确分离,而日本的"旧民法"则将有关继承的内容规定在财产取得编,使人身法内容混淆于人事编与财产取得编。明治民法依潘德克顿编制法,设立单独的亲族编和继承编。从内容方面而言,"旧民法"从个人主义出发,全面废除户主制度,明治民法则亲族编第 2 章专门规定"户主及亲族",承认并保护户主制度。在家督继承问题上,明治民法与"旧民法"迥然不同。所谓家督继承,指根据户主的死亡、隐居②、丧失国籍或其他事由而对户主的地位和财产进行一揽子继承的制度。家督继承是日本传统的继承制度,"旧民法"因未加以规定所以遭到严厉的批评,明治民法在继承编第 1 章设立专章,从第 964 条至第 991 条对这项制度进行比较详细的规定。此外,在婚姻方式、夫妻关系、离婚条件、扶养义务、遗产继承等诸多方面,明治民法都对"旧民法"进行了一定的修正。

总之,明治民法是在"旧民法"基础上制定出来的,对二者的承继关系,既不能视而不见,也不能随意夸大。

第三节　中日民法近代化不同阶段的比较

一、政治经济状况的比较

《大清民律草案》制定之时,中国仍处于以小农经济为主体的专制、独裁

---

① 何勤华等:《日本法律发达史》,上海人民出版社 1999 年版,第 135 页。
② 此处"隐居"指户主尚未去世而由继承人继承户主权的情况。

的皇权社会。清末统治者进行法制变革,并不是顺应历史潮流、追求进步的自觉行为,而是迫于帝国主义的军事压力和资产阶级革命形势的蓬勃发展所做的自救行为,目的只是为了巩固自己的专制统治。而近代民法是西方资本主义自由经济下形成的文明成果,它以权利意识和平等观念为主要内容。一个国家,如果没有建立与近代民法相适应的民主政体,完成民法近代化只能是一句空谈。

辛亥革命推翻了清王朝的专制统治,结束了两千多年的帝制时期,在中国历史上建立起第一个资产阶级民主共和国。后来虽然发生了两次逆历史潮流而行的复辟运动,但都在声势浩大的反独裁、反专制浪潮中迅速灭亡,民主共和政体最终得以在形式上延续下来。民国以来的各个时期的宪法性文件,在形式上都规定了"人民主权"原则和"法律面前人人平等"原则,并积极鼓励资本主义工商业的发展。南京国民政府更是结束中国长期以来的军阀割据,从形式上统一了中国。政治经济的近代化为民法的近代化奠定了基础。

日本从"旧民法"到明治民法,也经历了一个君主立宪政体逐渐确立、资本主义工业化逐渐发展的过程。明治维新以来,随着西方民主自由思想的传播,日本的自由民权运动蓬勃发展,要求政府开设议会的呼声一直不绝于耳。1890 年 11 月,《明治宪法》正式生效,规定设帝国议会,分贵族院和众议院。不久,第一届帝国议会召开,日本的君主立宪政体得以确立。与之相对应,在明治政府大力发展资本主义的经济政策下,19 世纪 90 年代初,日本基本上完成了"第一次产业革命",日本由农业国一变而成为初步的资本主义工业国。

二、法学发展水平的比较

(一)法学的发展

19 世纪末清末修律之时,中国尚处于资产阶级思想启蒙阶段,西方先进法律知识的传播几乎是刚刚开始,法学的繁荣根本无从谈起。可以说,即使在《大清民律草案》制定之时,国内真正对民法有深刻认识者也屈指可数。但是,包括《大清民律草案》在内的清末法制改革中制订的几部法典,虽然未能在现实中发挥大的作用,但它将西方先进的法律思想和法律制度带入中国,在对国人的传统观念形成强烈冲击之余,极大地拓展了国人的视野,为国内法学的起步奠定了基础。

民国建立以后,在引进西方法律的同时,国内法学开始有所发展。到了20世纪20年代末30年代初,伴随着南京国民政府大规模的立法活动,中国国内法学呈现一派繁荣景象。许多法学家积极参与各法典草案的讨论,与之相适应,专门的法学期刊纷纷出现,主要集中在北京、南京、上海、苏州等地。如,上海有东吴大学的《法学季刊》、东吴大学法律学院的《东吴法声》、上海世界书局的《现代法学》、上海宪政社的《宪政》、上海法科大学的《上海法科大学月刊》等。北京有朝阳大学的《法律评论》、北平研究院的《中华法学杂志》等。南京有立法院秘书处的《立法专刊》、南京法学院的《国立中央大学法学院季刊》、南京三五学社的《法学季刊》、司法行政部的《现代司法》、司法院法官训练所的《法治周刊》、南京法学会的《中华法学杂志》等。苏州有江苏高等法院的《江苏高等法院公报》、江苏吴县律师公会的《法令周刊》等。①从法学杂志数量之多,可见当时法学的繁荣程度。

日本在"旧民法"制定之时,距离1870年箕作麟祥翻译《法兰西六法》也不过几年时间而已。当时,司法省法学校和开成学校对法律人才的培养刚刚起步,日本完全处于对国外法学的全面引进和简单模仿时期,谈不上有自己的法学。然而,随着日本派往法、英、美、德等国学习法律人员的陆续归来,随着国内培养的法学人才的日益增多,日本法学发展迅速,不仅出现了像英国法学派和法国法学派这样不同的法学派别,而且还有法学家开始对

---

① 华友根:《中国近代法律思想史》(下册),上海社会科学院出版社1993年版,第61页。

盲目引进西方法律提出质疑，并对本国法律传统和法律习惯进行积极反思。"法典论争"爆发之广泛、深入和激烈即是这一时期日本法学繁荣发展的最有力的证明。

（二）法律人才的养成

《大清民律草案》和日本"旧民法"制定之时，中日两国国内的法律人才极其匮乏，根本不具备独立编纂民法典的能力，所以只能依靠外国法学家的帮助开展起草工作。与之迥然不同的是，《中华民国民法》和明治民法的制定都完全由本国学者独立完成，这突出体现了民法近代化进程中两个阶段的不同特点。

《中华民国民法》的直接起草人员是傅秉常、史尚宽、焦易堂、林彬、郑毓秀（后由王用宾继任）等民法起草委员会委员。这些人均受过近代高等教育，绝大多数都有海外留学的经历，而且都是法律方面的专家和学者。如，傅秉常毕业于香港大学；史尚宽毕业于日本东京帝国大学，后在德国柏林大学和法国巴黎大学从事法学研究；焦易堂毕业于国内的一所法政学校；林彬曾就读于北京大学；郑毓秀早年赴日留学，后于法国巴黎大学先后获法学硕士和博士学位，是我国近代史上第一位女法学博士和女律师；王用宾早年留学于日本法政大学。作为顾问的司法院院长王宠惠更是当时中国首屈一指的法学家，他1900年毕业于北洋大学法科，后赴日留学，1902年赴美国耶鲁大学法学院学习，获法学博士学位。国内法律人才的数量和实力已足以承担编纂民法典的历史重任。

日本明治民法编纂过程中，梅谦次郎、富井政章、穗积陈重三位帝国大学的法科教授被任命为起草委员。三位起草人中，穗积陈重于1874年入东京大学的前身开成学校学习法科，因成绩优秀由公费资助留学英国，1879年从伦敦大学毕业后又转入德国柏林大学学习，1881年被召回母校东京大学任法学教授；福井政章起初在日本的外国语学校学习法语，后进入法国里昂大学法律系学习，获得博士学位，1882年由穗积陈重推荐担任东京大学教授;梅谦次郎于 1880 年进入司法省法学校学习,1884 年获得法学学士学位,1886 年被选派法国里昂大学法学院学习,获法学博士学位,1889 年又转入德国柏林大学学习,1890 年回国任东京大学法科教授。可见,三人都是日本法学界的佼佼者,代表了当时日本法学的最高水平。

（三）立法经验的积累

《大清民律草案》是中国历史上第一部具有近代性质的民法典草案,在它制定之前,中国一直沿袭 2 000 多年来"诸法合体、民刑不分"的传统法制,从未有过制定任何独立的具有近代性质的民事法典的立法实践。相比之下,《中华民国民法》制定之时,不仅有《大清民律草案》、北洋政府《民律草案》两个完整的民法典草案和 1915 年北洋政府《民律亲族编草案》、1927 年南京国民政府《亲属法草案》《继承法草案》等民法典专编的草案以资借鉴,而且还有民国以来大量的民事单行法规和立法例、解释例作为参考,众多民法典草案、民事单行法规、民事案件法例的出台为《中华民国民法》积累了丰富的立法经验。

日本在"旧民法"制定之前,虽然已有《民法决议七十九条》、《皇国民法暂行规则》、《民法暂行法则》、左院《民法草案》、司法省《民法草案》等数个民法草案,但这些草案大多只是民法的部分或片断。可以说,作为日本历史上第一部系统而完整的近代民法典,"旧民法"的制定是一项开创性的事业。它虽然最终未能实施,但它在立法过程中积累的宝贵经验为明治民法提供了有益的借鉴。

三、法律移植的比较

《中华民国民法》和明治民法在编纂时对世界各国民法制度的移植,分别是《大清民律草案》和日本"旧民法"制定之时对西方先进民法制度移植的继续和深化,与民法近代法初期相比,这一时期法律移植的广泛性和深入性更加突出。

就移植的广泛性而言,中日两国民法近代化开端时期和完成时期的比较如下表所示,《中华民国民法》和明治民法立法时参照对象之广泛令人叹为观止。

表 5.8　中日两国民法近代化不同时期法律移植对象比较表

	中　　国	日　　本
开端期	《大清民律草案》制定之时,主要是移植日本民法或通过日本间接移植德国民法。	"旧民法"主要以法国民法典为蓝本,同时参照了以法国民法典为母法的意大利民法、比利时民法、荷兰民法等,对德国民法典草案亦有所借鉴。
完成期	《中华民国民法》制定时对世界许多国家的民法都予以考察、比较和参照。其中既有挪威、奥地利、意大利、比利时、捷克、匈牙利、罗马尼亚、南美洲数国等欧美国家,也有日本、泰国等亚洲国家;既有法国、意大利、西班牙等资本主义国家,也有苏联社会主义国家;既有美国等联邦制国家,又有瑞士、芬兰、荷兰、葡萄牙、希腊等单一制国家;既有英国、德国等经济发达国家,又有土耳其、巴西等发展中国家。总的来说,它以德、意、法、瑞、日等国民法为主要参照物。	日本明治民法在"旧民法"基础上,主要以德国民法典第一草案和第二草案为模仿对象,同时参照了普鲁士州民法、萨克森州民法以及德意志的其他州法、奥地利民法、荷兰民法、意大利民法、葡萄牙民法、瑞士债务法、黑山财产法、西班牙民法、比利时民法、英国各单行法、印度的继承法和契约法、纽约民法、加利福尼亚民法、魁北克州和南美诸国的民法典等。

就移植的深入性而言,《中华民国民法》和明治民法制定之时,立法者均克服了民法近代化开端时期简单模仿、照搬照抄的不足,一方面注重多方比较、有选择性地吸收和引进,另一方面更加注重与本国现实相适合,充分考虑移植法律的实施问题。例如,《大清民律草案》仿德国民法典,规定土地债务、不动产质权和动产质权,并加入抵押权,合为一章,称为担保物权。《中华民国民法》制定之时,认为担保物权与用益物权相对立,系学术上之用语,且我国典权实际具有担保物权与用益物权的双重性质,二者难以区分,故不再使用担保物权的名称,将抵押权另立一章,并仿日本民法,增入权利质权,与不动产质权和动产质权合并规定为质权一章。日本方面,明治民法对"旧

民法"的许多修正,如将租赁权归入债权、取消用益物权、详细规定法人制度、否定自然义务、将物的概念限定为有体物等,均是在多方参照国外法律并充分考虑本国国情基础上所做出的选择。

四、对本国法律传统态度的比较

《大清民律草案》出台之后,被人指责不顾本国实际而盲目照搬别国法律。如,引进了我国固有法律传统中从未有过的土地债务、不动产质权等概念,采取与中国注重结婚仪式传统不相符合的法律婚主义,对我国传统民事习惯中的典权缺乏规定等。

和《大清民律草案》一样,日本"旧民法"亦被指责只顾照搬照抄西方近代法典而不重视本国固有的法律传统。如,财产法部分对日本固有的入会权制度、永小作制度等未加规定,人身法部分对日本传统的家督继承未加规定,对户主制度亦规定得不够等。

相比之下,《中华民国民法》和明治民法的立法者们对本国固有法律传统的态度则显得更为理智、成熟。

一方面,《中华民国民法》和明治民法都明确承认习惯法的效力,并在立法中对本国固有的法律传统和法律习惯给予了足够的重视。例如,《中华民国民法》立法时,立法院院长胡汉民就认为:"凡是立法,尤其是私法,应该极力采取最新的法例,而同时注重本国良好的习惯。"①正是在这样的立法方针指导下,《中华民国民法》较为详细地规定了传统的典权制度,依据中国传统婚姻习惯专章规定了婚约,并在婚姻成立上采取事实婚主义。明治民法制定时,充分吸取了"旧民法"的教训,重视保留本国传统和习惯。例如,在法典调查会审议之初,副总裁西园寺公望曾提出废止取消隐居制度,认为户主制度实际上是旧时代的产物,提出户主废止论。对此穗积陈重认为:"不

---

① 《胡汉民先生文集》(第2册),中国台湾地区"中国国民党中央委员会党史委员会"1978年版,第367页。

能用法律手段残酷地矫正人民的生活，……因为人民依然在重视这种方式的亲族生活"①。所以，明治民法还是保留了户主制度。此外，明治民法所规定的永小作制度、入会权制度、家督继承制度等，均着眼于对本国法传统的吸收。

另一方面，《中华民国民法》和明治民法虽重视法律传统，但并不是唯传统是从，而是在立法时对具体法律传统进行了仔细的分析和慎重的选择。《中华民国民法》对宗祧继承制度的彻底摒弃就说明了这一点。清末《大清民律草案》全盘抄袭西方法律，故未对宗祧继承进行规定，出台后受到激烈的抨击。有鉴于此，民初北洋政府时期的《民律草案》以专章对宗祧继承制度予以规定。宗祧继承制度在我国由来已久，是我国继承制度中一项重要的法律传统，所以许多人对这一制度持褒扬态度。民国民法学者梅仲协就认为："宗祧继承，乃我国数千年来之旧制，民族之繁衍，文化之发扬，端有赖乎斯制之深入民心。"②《中华民国民法》制定时，对宗祧继承制度进行深入考究，指出废除该项制度的三项理由：

宗祧之制，详于《周礼》，为封建时代之遗物，有所谓大宗小宗之别。大宗之庙，百世不迁者，谓之宗；小宗之庙，五世则迁者，谓之祧，此宗祧二字之本义也。宗庙之祭，大宗主之，世守其职，不可以无后，故小宗可绝，而大宗不可绝，此立后制度之所从来也。自封建废而宗法亡，社会之组织，以家为本位，而不以宗为本位。祖先之祭祀，家各主之，不统于一，其有合族而祭者，则族长主之，非必宗子也，宗子主祭之制，不废而废，大宗小宗之名已无所附丽，而为大宗立后之说，久成虚语，此就制度上宗祧继承无继续存在之理由之一也。旧例不问长房次房，均应立后，今之所谓长房，固未必划属大宗；遑论次房，且同父周亲，复有兼祧之

① 渠涛：《日本民法编纂及学说继受的历史》，载渠涛：《中日民商法研究》（第1卷），法律出版社2003年版，第132页。
② 梅仲协：《民法要义》，中国政法大学出版社1998年版，第20页。

例,因之长房之子,在事实上就有兼为次房之后者,与古人小宗可绝之义违失已甚,徒袭其名,此就名义上宗祧继承无继续存在之理由二也。宗祧重在祭祀,故立后者惟限于男子,而女子无立后之权,为人后者亦限于男子,而女子亦无为后之权,重男轻女,于此可见,显于现代潮流不能相容,此就男女平等上宗祧继承无继续存在之理由三也。基于上述理由,故认为宗祧继承,无庸规定。①

日本明治民法虽然规定了以户主为中心的家族制度,但这并非日本传统家族制度的翻版,而是对其内容进行了相当的改革与发展,其进步性的一面不容否认。例如,明治民法在财产法部分贯彻个人所有权的原则,为了与之保持一致,在规定户主制度时,户主的权利主要限于对家族其他成员在身份上的控制权。家族的其他成员,仍享有独立的财产权,户主对家族成员的财产权亦不得限制。而且,即便是对家族成员的身份控制权,户主也并非为所欲为。一方面,民法规定户主对家族成员负有扶养义务(第 747 条);另一方面,当家族成员违反户主的意思,不服从户主的居住指定权时,户主可以将其从户籍中除名,并免除对该家族成员扶养的义务(第 749 条)。此项规定从另一角度理解,即家族成员可以自由决定居住场所,只要不惜被除名并愿意放弃户主的扶养。可见,户主对家族成员的身份控制权与以往相比大为削弱。正是因为明治民法所规定的家族制度含有许多现代内容,所以在法典论争中疾呼"民法出则忠孝无"的穗积八束在明治民法出台不久就转而对明治民法大加批判。学者奥田义人也在讲演中声称:"家族制度虽在形式上存在下来,其实体至今已逐渐败坏。"②

"既重视传统,又不固守传统",这种对待本国法律传统的正确态度,使《中华民国民法》和明治民法与中日两国民法近代化初期的《大清民律草案》

---

① 谢振民:《中华民国立法史》,张知本校订,中国政法大学出版社 2000 年版,第 787—788 页。
② [日]矶野诚一:《民法改正》,载[日]鹈饲信成等:《日本近代法发达史》(第 2 卷),日本劲草书房 1958 年版,第 264 页。

和"旧民法"相比显得尤为进步和成熟。

五、法典结构和语言的比较

作为我国历史上第一部近代民法典草案,《大清民律草案》处处显露出对日本明治民法的盲目模仿。例如,在编名上仿明治民法而有"债权编"之称谓;在具体法律用语上,"事物管理""不当利得""使用赁贷权""用益赁贷借""保佐""禁治产""准禁治产"等概念均原封不动地抄自日本民法,这些概念有的在表达上不尽准确,有的与汉语表达习惯不相吻合,因此,民国之后,逐渐被其他用语所代替。此外,《大清民律草案》在语言风格上半文半白,许多地方显得生硬幼稚。

相比而言,《中华民国民法》"条文辞句,简洁通俗,且避去翻译式之语气,为纯粹之国语,此其长处一。按现代各国,民法法典之用字构句,皆有其特殊之点。举例言之,法国民法,辞句典雅,具文学意味,颇堪环诵,唯用字欠确当,易滋歧解。德国民法,字句精确,结构缜密,极合科学方法,然喜用专门名词,不易为一般人所了解,且文句冗长,多抽象规定,非专家不能解释其法意之所在。至若1912年之瑞士民法,其立法上之技术,则有足称者。辞句确当,极易通晓,条文简洁,而了无挂漏,撷取法德民法之精英,而弃其糟粕,章节井然;眉注清晰,尤属别具心裁。我现行民法,颇具瑞士民法之长处,且避去前此各民法草案之日本语口气,足征立法者之惨淡经营,独具只眼,诚为立法技术上之一大进步也"①。

日本方面,"旧民法"在结构上,公法和私法、程序法和实体法、财产法和人格法混杂在一起;在语言上,定义解释过多,活脱脱像一本民法教科书。针对这两大弊端,明治民法在结构上采用潘德克顿编制法,使法典极具逻辑性;在内容上,将那些原属公法的条文转往行政法或其他特别法,将那些原

---

① 梅仲协:《民法要义》,中国政法大学出版社1998年版,第19页。

属程序法的条文转往民事诉讼法或其他特别法,因而使实体私法更加纯粹化。在语言上,明治民法将"旧民法"中的定义、引例基本予以削除。修正的结果,明治民法的条数为 1 146 条,比 1 762 条的"旧民法"足足减少了 616 条,大大提高了法典的概括性和抽象性,结构也更加紧凑严密。

综上,《中华民国民法》和日本明治民法制定之时,政治、经济的发展为民法近代化的完成奠定了基础;法学比较繁荣,法律人才比较丰富,且积累了一定的立法经验,这为民法近代化的完成创造了条件;两国所进行的广泛而深入的法律移植为民法近代化的完成开辟了道路;立法者在引进西方先进法律制度的同时,对本国法律传统和法律习惯采取"既重视,又不固守"的正确态度,为民法近代化的完成指明了方向;科学合理而又富有逻辑的法典编制结构和简明准确、通俗易懂的法典语言为民法近代化的完成在形式上提供了保证。同时,两部民法典的实施及其对后世的影响凸显了民法近代化完成的深远意义。鉴于此,本书将《中华民国民法》和日本明治民法分别视为中日两国民法近代化完成的标志。

第六章
法制近代化中的重大论争
——清末"礼法之争"与日本"法典论争"的比较

中国和日本在 19 世纪末、20 世纪初各自开展了一场以引进西方发达国家法律制度为主要内容的轰轰烈烈的法制变革运动。然而,具有东方传统的中、日两国,在引进西方法律制度的过程中,尤其是在对外来法制大量吸收而尚未充分消化的近代化前期,都不可避免地出现了外来法制与本国传统之间的冲突,并由此引发立法中的激烈争论。这种冲突和争论,在清末主要体现为"礼法之争",在日本主要表现为"法典论争"①。

清末"礼法之争"虽然是爆发在刑法典和诉讼法典的制定过程之中,但这场争议对包括制订《大清民律草案》在内的整个清末立法活动都产生了深远的影响;日本的"法典论争"则主要爆发在民法典和商法典的制定过程中。鉴于此,本书将清末"礼法之争"与日本"法典论争"作为中日民法近代化历史进程中的重大事件,于本章进行比较研究。

---

① 法典论争,部分学者亦称之为"民法典论争"或"商法典论争",但因其论争主要围绕"旧民法"可否实施展开,故多被称为"民法典论争",或被通称为"法典论争"。

第一节 清末"礼法之争"和
日本"法典论争"的概况

一、清末"礼法之争"

1906 年,由修订法律大臣沈家本主持起草的中国近代第一部诉讼法草案《刑事民事诉讼法》告成。该草案引进西方的罪刑法定、公开审判等诉讼制度,特别是规定了陪审制和律师制度。草案交发各大臣讨论时,遭到激烈反对,"各督抚多议其窒碍"①。对朝廷有举足轻重影响的内阁大学士张之洞认为,该草案"袭西俗财产之制,坏中国名教之防;启男女平等之风,悖圣贤修齐之教"②,背离中国立国之本的纲常礼教,不宜颁布。草案遂被搁置。

不久,围绕新制订的《大清新刑律》草案,出现了更为激烈的论争。这部完成于 1907 年的新刑法草案,尽管起草中吸收了一些中国旧律的内容,出台后仍遭猛烈批驳。以张之洞为首的学部指责该草案与君臣之伦、父子之伦、夫妇之伦、男女之别、尊卑长幼之序相悖,力主按礼教原则重加修订。沈家本等人据理力争,反复强调西方法制的先进性和仿效西方法制修律的重要性。后人将以张之洞为首的一派称为"礼教派"③,将以沈家本为首的一派称为"法理派"④,将两派之间围绕立法问题所进行的争论称为"礼法之争"。论争的结果是,修订法律馆和法部对《大清新刑律》重新修订,加重了对礼教犯罪的处罚,并增加了体现礼教原则的《附则》5 条后,才作为修正案

---

① 《清史稿·刑法志一》。
② 张之洞:《张文襄公全集》(卷 69)。
③ 礼教派亦被称为守旧派、家族主义派、国情派或反沈派等,本书统一采用礼教派的称谓。
④ 法理派亦被称为变法派、改革派、国家主义派、法治派或沈派等,本书统一采用法理派的称谓。

提交资政院审议。但论争并未就此结束,资政院审议前后,又出现了以资政院钦选议员劳乃宣为主的礼教派对修正案的驳难,认为修正案将礼教各条作为附则是本末倒置,要求将旧律中礼教条款直接列入新刑律。对此,以沈家本为首的法理派与礼教派再次展开了激烈的争论。直至清朝崩溃,双方意见也未统一,该草案也因而未能通过施行。

二、日本"法典论争"

1890 年,日本明治政府公布了两部经元老院和枢密院审议通过的法典,一部是委托法国法学家博瓦索纳德主持起草的民法典,该民法典定于1893 年 1 月 1 日起实施,史称"旧民法"。另一部是委托德国法学家勒斯勒尔主持起草的商法典,该商法典定于从 1891 年 1 月 1 日起实施,史称"旧商法"。然而,早在 1888 年,当民法典草案在元老院审议时即遭一些人的责难。他们认为这一草案扩张使个人得以独立的私权,与日本当时的家族制度相反而互不相容,主张对其加以修正,要求强化户主权、亲权和夫权。1889 年 5 月,以东京大学法学部毕业生为主体的法学士会发表了要求"旧民法"延期实施的文章《关于法典编纂的意见书》,首开"法典论争"的先声,这篇文章亦成为日本法典论争的导火索。"旧民法"和"旧商法"刚一公布,法学士会又立即发表《新法典概评》一文,高举传统主义和国家主义的大旗,反对以权利本位为原则的民法典,由此形成一股由法学界和政界人物组成的反对实施的力量,号称"延期派"。"旧民法"和"旧商法"的支持者则结成法治协会、明法会等,针对延期派的主张加以反击,开展法典拥护运动,主张"旧民法"和"旧商法"应如期实施,这批人被称为"断行派"。日本法制史上有名的"法典论争"由此展开。

1892 年,随着延期法案被提交第三次帝国议会,论争的舞台也由社会移至议会。贵族院敕选议员村田保以"旧民法"和"旧商法"紊乱伦常、与习惯相悖、与其他法律矛盾等理由提议对两法典重加修订,延期施行。贵族院以压倒多数意见通过此提案,同年 11 月《民法、商法施行延期法》公布,论争由此画上句号。

第二节 "礼法之争"与"法典论争" 爆发的必然性

一、清末"礼法之争"爆发的必然性

1. 清政府推行法制改革指导思想的两重性

清末统治者推行法制改革,并不是顺应历史潮流、追求进步的自觉行为,而是迫于帝国主义的军事压力和资产阶级革命形势的蓬勃发展所做的自救行为。因此,清廷既要忍辱变法,按照西方列强的要求变革法制,同时又要严守"三纲五常"等封建传统。既要迎合西方列强的要求,又要保存"数千年相传之国粹",立法者面临无可奈何的两难选择。

2. 多种经济成分和阶级力量并存的客观性

19 世纪末 20 世纪初,尽管中国社会依然是自给自足的农业经济占据主导地位,但是,外国资本主义的侵入破坏了传统社会的经济基础,资本主义生产关系得以产生。同时,国内一部分商人、地主和官僚投资新式工业,由此成为小资产阶级、民族资产阶级和官僚资产阶级。不同的阶级之间有着利益的对立、矛盾和冲突,"礼法之争"即是这种冲突在立法上的表现。

3. 社会变革期新旧思想的冲突性

随着西方列强对中国经济上和军事上的侵略,近代资产阶级的民主、平等、自由、权利等新思想也开始在国内传播。而与此同时,数千年的皇权专制统治制度仍在继续,儒学思想在人们头脑中根深蒂固,宗法等级制度顽固不化,家族本位、义务本位观念牢不可破。新旧两种思想产生了激烈的碰撞和冲突。

4. 西方法制与中国传统法制的矛盾性

《刑事民事诉讼法》是中国近代第一部诉讼法典草案,《大清新刑律》是中国近代第一部专门的刑法典草案。在这两部法典草案制定之前,中国一直是沿袭 2 000 多年来"诸法合体、民刑不分"的传统法制,从未有过制定任何具有近代性质的刑事法典、民事法典或诉讼法典的实践。西方近代法制的基础是自由、民主、平等和法治,这与三纲五常等礼教传统完全背道而驰,所以在引进西方近代法制的过程中,资本主义法制与传统法制必然会发生矛盾和冲突。

由于以上原因的存在,"礼法之争"的最终爆发成为历史的必然。

二、日本"法典论争"爆发的历史原因

1. 日本"旧民法"制定之前立法原则的分歧成为"法典论争"的先兆

日本民法典编纂始于 1870 年。时任文部大辅的江藤新平认为,为了与西方列强相对抗,建立完备的近代法制乃当务之急。他在指令箕作麟祥翻译法国民法典时,甚至说,"尽速译之,误译无妨"①,这句当时广为流传的名言相当典型地代表了明治政府引进西方法律的迫切心情,体现了由修正不平等条约的立法动机导致的对立法速度的片面追求。因此,江藤新平所主持的民法典的编纂基本是全面沿袭法国民法典,一味追求速度而不管与日本本国国情是否适合。1873 年 4 月 19 日,江藤新平离开司法省,民法典由左院继续进行起草和审议。与此前的起草原则迥然不同,左院的原则是,"吸取我国古来的善风良俗并斟酌法国民法而编集之"②,主张充分考虑日

① 原文为"誤訳も亦妨げず、唯速訳せよ",见[日]穗积陈重:《法窗夜话》,岩波书店 1936 年版,第 208—209 页。
② [日]宫岛诚一郎:《国宪编纂起源》,载日本《明治文化全集·宪政篇》,日本评论社 1967 年版,第 353 页。

本固有的制度、惯习和淳风美俗。上述两种立法原则的分歧成为后来"法典论争"的先兆。

2. "旧民法"和"旧商法"本身的缺陷是导致"法典论争"爆发的直接起因

以"旧民法"为例,该法典主要由外国法学家主持起草制定,对日本社会所固有的民事习惯和法律传统未能给予充分重视;编制体例不合理,既有实体法规定,又有程序法规定,既有私法内容,又有公法内容;用语晦涩难懂,且列举了很多没有必要的定义、说明和事例等,使条文琐碎,与法典的体裁不适合;与"旧商法"系分头起草故而相重复和抵触的地方颇多。这些缺陷招致反对派激烈的批判。同时,"旧民法"在起草时,仅仅参照同系谱的荷兰、比利时、意大利等国的民法典,而对当时欧洲立法中最进步、体例最合理的德意志民法第一、第二草案,以及颇具特色的英美法系的法学理论却少有关注,因此,反对者认为其对近代新的、进步的法理和立法例的吸收不充分,甚至有些地方与现代法理背道而驰。此外,旧民法在编纂和审议时,司法大臣山田显义为了赶在帝国议会召开前尽快完成任务,在法律调查委员会内极力压制部分委员关于民法内容的争议,结果使反对意见既无处发表,更无从得以采纳。而且,元老院在审议时,废弃逐条审议的方法,对民法典草案按照编别实行一揽子审议,导致法典草案中的种种缺陷得不到及时纠正。"旧民法"和"旧商法"在体例、内容、指导精神、立法程序等诸方面存在的缺陷是导致"法典论争"爆发的直接起因。

3. 日本不同法学流派的存在为"法典论争"的爆发提供了条件

1872年司法省的明法寮开始招收法学专业学生,讲授法国法。1874年博瓦索纳德就是被聘为该校的教师,讲授自然法学,该校和其后成立的主要讲授法国法的东京法学校、明治法律学校一起,形成法国法学派的中心,推崇自然主义法学。从明治初年到明治中期,法国法学派人才辈出,著述丰富,并作为日本正统法学派在学术界占据重要地位。与此相对应的是则是英国法学派。1874年,东京的开成学校开始讲授英国法,它和英吉利法律学校等一起,形成英国法学派的中心,推崇反自然主义的历史法学和分析法学。英国法学派在学术界、司法界、政坛等领域与法国法学派互不相让。而当时,德意志法学尚处于摇篮期,虽然讲授德国法的独逸协会学校已经成立,但规模和实力还远不能同英、法两派匹敌,故当时完全是英、法学派两分天下的局势。可以说,日本民法学从诞生时起,就孕育着英、法两派的分歧和斗争,这为其后"法典论争"的爆发提供了条件。当时各法学校的发展演变如表 6.1 所示:

表 6.1　法律学校发展演变表

类别	演　变
法国法系	明法寮(1871 年)→司法省法学校(1874 年)→合并入东京大学(1885 年) 明治法律学校(1880 年)→明治大学(1903 年) 东京法学校(1881 年)→和佛法律学校(1888 年)→法政大学(1903 年)
英国法系	东京开成学校(1874 年)→东京大学(1877 年)→帝国大学(1886 年)→东京帝国大学(1897 年)→东京大学(1949 年) 英吉利法律学校(1885 年)→东京法学院(1889 年)→东京法学院大学(1903 年)→中央大学(1905 年)

4. 反欧化风潮加速了"法典论争"的爆发

明治政府上台后,希望通过政治、经济改革使日本成为发达资本主义国家,与西方列强共进退。正如福泽谕吉在其《脱亚论》中宣称:"我国不可犹疑,与其坐等邻邦(指中国)之进步而与之共同复兴东亚,不如脱离其行伍,而与西洋各文明国家共进退。"①因此,作为日本脱亚入欧的重要一环,法典编纂为明治政府所倚重,而同时亦自然而然地招致传统主义者的强烈反感。相当多的人反对"全面欧化"而主张"和魂洋才"。伴随着欧化风潮,人们的生活方式、思想意识乃至道德观念都发生着急剧的变化,对这种变化无所适从和心怀不满的老百姓大有人在,因此,穗积八束疾呼"民法出则忠孝无",

---

① ［日］福泽谕吉:《福泽谕吉全集》(第 10 卷),日本岩波书店 1961 年版,第 238—240 页。

村田保呐喊"请外国人起草日本法律的做法是日本近代的耻辱"①等,才会如此强烈地煽动起朴素的国民感情,国粹主义、复古主义、民族主义、传统主义等思想汇合成一股势力强大的反欧化风潮,其对西方文化入侵的反对加速了"法典论争"的爆发。

5. 复杂的政治斗争进一步推动了"法典论争"的发展

1890年,日本由于内相品川弥二郎干预议会选举,从而引发了议会内大规模的反政府运动。当时的政府迫切希望"旧民法"和"旧商法"能顺利实施,由此导致法典实施问题成为议会内政治斗争的延续,许多反对派并非出于法律原因而是出于政治目的反对两法典的实施。最后,由保守派、复古主义者和自由民权运动的民党所组成的联合反政府阵线在议会中占据上风,促成了延期派的最后胜利。

上述五要素的结合,导致日本"法典论争"的爆发不可避免。

第三节 "礼法之争"与"法典论争"的相似处

清末"礼法之争"与日本"法典论争"都反映了外来的西方法在中国和日本这样的东方国家本土化过程中与本国原有法律传统之间的矛盾冲突,因此,作为东亚近代法制史上的两次大论争,"礼法之争"与"法典论争"不仅在论争内容上有诸多相似之处,而且,"法理派"与"断行派"、"礼教派"与"延期派"的许多观点也不乏相同或相似之处。

例如,"法典论争"中穗积八束曾以儒家"忠孝"观念和日本家族主义为武器反对"旧民法"中的"个人本位"思想,与此十分相似,"礼法之争"中劳乃宣也曾以其家族主义立法理论与杨度的个人本位的国家主义立法理论展开

① [日]村田保:《法制实历谈》,日本《法学协会杂志》(第32卷)1914年第4号。

激烈的辩论。

　　杨度认为,新刑律与旧律根本不同之处,就是"精神上主义上之分别",即旧律依据家族主义,新律依据"个人本位"的国家主义。他考察封建国家的内部结构后指出:"阻碍国家进步者莫如封建制度,阻碍社会进步者莫如家族制度……,非二者尽破之,则国家社会不能发达。"①

　　针对杨度观点,劳乃宣提出:"法律何自生乎? 生于政体。政体何自生乎? 生于礼教。礼教何自生乎? 生于风俗。风俗何自生乎? 生于生计。"农桑、猎牧、工商三种形式的"生计",即经济类型,产生三种不同类型的风俗、礼教和政体,从而产生家法、军法、商法三种不同类型的法律。他由此得出结论,只有维持家法制度,才能至天下太平,"一切法律皆以维持家法为重,家家之家治,而一国之国治矣",所以,"风俗者法律之母也,立法而不因其俗,其凿枘也必矣"②。

　　日本法学士会的代表人物之一是曾留学德国的东京大学法学部教授穗积八束。他于 1891 年、1892 年在《法学新报》和《国家学会杂志》上先后发表《国家的民法》《民法出则忠孝亡》《祖先教乃公法之源》等文,明确以儒家伦理观反对民法典。在《民法出则忠孝亡》一文中,他说:"我国乃祖先教之国,家族制度之乡。权力与法皆生于家……,国家不过为家制之推移。……然民法之法文之精神,先排斥国教,继而破灭家制,……史家对于视三千年之家制为敝屣并双手欢迎极端个人本位法制之我国立法家,实觉惊愕,以为他们违背万世一系主权与天地共长久之根本、祖先之教法和家制之精神。"③在这里,穗积八束显然是以传统的义务法观念反对权利本位的民法典。无论在古代的中国或日本,社会的基本单位都是"家"(当然,日本的"家"与中国的"家"并不完全相同),而不是个人。"家"是所有社会组织的原

---

① 《资政院议场速记录》第 23 号。
② 劳乃宣:《桐乡劳先生遗稿卷二·新刑律修正案汇录序》。
③ [日]宫川透:《近代日本思想论争》,日本青木书店 1963 年版,第 77 页。

型,国不过是"家"的延伸与扩展。个人附属于家,进而附属于国,个人没有任何独立的法律地位与权利。法律是实现与维护国家和家长权力的工具,规定个人必须履行对于国家和家长的"忠孝"义务。在这一观点上,穗积八束与劳乃宣的见解何其相似。

针对穗积八束等的攻击,"断行派"认为必须适应时代的变化而打破旧例。这种立法主张又与沈家本、杨度等法理派的观点不谋而合。

同时,针对清末"礼法之争"中法理派和日本"法典论争"中断行派所提出的以收回治外法权为尽快制定并通过近代法典理由的观点,礼教派和延期派所提出的反驳意见也非常相似。例如,张之洞于收回治外法权一事,认为"外人所以深诋中国法律必须改订者,约有数事:一刑讯无辜,一非刑惨酷,一拘传过多,一问官武断,一监羁凌虐,一拖累破家。果能将此数端积弊严禁痛改,而国势日见强盛,然后属地主义之说,可以施行,外人自不能干我裁判之权。并非必须将中国旧律精义弃之不顾,全袭外国格式文法,即可立观收回治外法权之效也。盖收回治外法权,其效力有在法律中者,其实力有在法律外者"①。

第四节 "礼法之争"与"法典论争"的相异处

中日两国近代立法中出现的论争,尽管有诸多相似之处,但更值得注意的则是"礼法之争"与"法典论争"的诸多不同之处。

一、论争的主体

从论争主体的身份来看,清末"礼法之争"的双方,主要是朝廷官吏。法

---

① 刘锦藻:《清朝续文献通考》(卷 247)。转引自罗志渊:《近代中国法制演变研究》,台湾正中书局1975 年版,第 209—210 页。

理派的代表人物主要有沈家本、杨度、汪荣宝等,其中,沈家本在修律期间先后出任刑部左侍郎、大理院正卿、法部右侍郎、修律大臣等职,杨度是宪政编查馆特派员,汪荣宝是清廷民政部参议。在其他赞成新律的人中,奕劻是宪政编查馆大臣和硕庆亲王,徐世昌是东三省总督,陈昭常是吉林巡抚,袁树勋是山东巡抚,周树模是黑龙江巡抚。与之相对,礼教派的代表人物主要有张之洞、劳乃宣、刘廷琛等,其中,张之洞以湖广总督参与清廷政务处事宜,并任督办商务大臣、体仁阁大学士等职,调北京后以军机大臣兼礼部尚书,是慈禧太后最为信任的汉族大臣之一。劳乃宣是宪政编查馆参议、政务处提调、钦选资政院硕学通儒议员,后又任京师大学堂总监督。刘廷琛为大学堂总督。其他反对新律的人中,冯熙为安徽巡抚,张人骏为两广总督,增韫为浙江巡抚,陈启泰为江苏巡抚,陈夔龙为湖广总督,吴重熹为河南巡抚,杨士骧为直隶总督,吉同钧为法部郎中,冯汝骙为江西巡抚,恩寿为陕西巡抚等。虽然参加论争的还有个别在华外国人,如日本人冈田朝太郎、德国人赫善心(当时身份为青岛特别高等学堂教师)等,但论争双方主体都为高层士大夫则毋庸置疑。相比之下,日本"法典论争"中,延期派的核心是以东京大学法学部和英吉利法律学校为主体的英国法派;断行派的核心则是以和佛法律学校和明治法律学校为主体的法国学派,论争的主体是大学教授和法学学者,同时许多政治家、法官和律师都参加了进来。有人说,"'旧民法'实施延期的一个很重要的原因就是当时日本法学家的活跃"①,此话不无道理。

从论争主体的学历来看,"礼法之争"中的论争主体,无论是礼教派,还是法理派,均出身于中国古代传统的封建儒学教育,此种教育与西方现代高等教育自不可同日而语。虽然沈家本号称学贯中西,但毕竟缺乏在国外直接接受法学教育的言传身教和对西方法律制度的切身体会。两派之中,接

① [日]广中俊雄、星野英一:《民法典的百年》,日本有斐阁1998年版,第11页。

受过现代高等教育或有过海外留学经历的人可谓凤毛麟角。日本法典论争中,延期派的核心组织是法学士会,主要由东京大学法律系毕业生①组成;断行派的核心组织则为法治协会和明法会。其中,法治协会是 1891 年春当法典问题渐趋激化、为与法学士会相抗衡而以明治法律学校为中心结成的支持法典即时实施的团体;明法会是 1891 年以和佛法律学校为中心结成的以法律经济研究为目的的组织。这三个协会的成员大都受过现代高等教育,其中还有不少成员本身就是大学教授和法学学者,有过海外留学经历的亦不在少数。

从论争主体的人数上来看,日本法典论争的参与者要远远多于清末礼法之争。仅以法典论争中断行派的核心组织之一法治协会为例,其会员超过 1 500 名,遍及全国各地。而礼法之争的参与者,不外乎朝廷官吏,论争的涉及面根本无法与日本法典论争相比。

二、论争的焦点和双方的论据

清末"礼法之争"爆发在《大清新刑律》及《刑事民事诉讼法》的立法实践中,论争涉及问题颇多。从整个"礼法之争"的过程来看,争议的焦点不外集中在:鉴于当时国情,制定新刑律的立法宗旨,究应以近代西方法律的原理原则为主? 抑应以纲常礼教为主? 新法的精神应采以个人为本位的国家主义? 或家族主义?《大清律例》中的"干名犯义""犯罪存留善养亲""亲属相奸""故杀子孙""杀有服卑幼""妻殴夫、夫殴妻""犯奸""子孙违犯教令"等维护传统礼教的条文,是否要全部列入新刑律? 如何列入?②

清末"礼法之争"中,法理派主要是从西方现代法学理论中寻找根据;礼

---

① 东京开成学校于 1877 年与东京医学校合并后称东京大学,1886 年又改名为帝国大学,1897 年改称东京帝国大学,1949 年与旧制的第一高等学校、东京高等学校合并后成立现在的东京大学。法学士会即由原东京大学法律系和改名后的帝国大学法律系的毕业生结成的组织,其目的是促进日本法学的进步和发达。

② 黄源盛:《中国传统法制与思想》,台湾五南图书出版有限公司 1998 年版,第 347 页。

教派则主要是从体现中国传统思想的"国学"中寻找支持。两派所运用的是近乎对立的法律理念——中、西法律理念,礼教派以"国学"为据所反对的,正是法治派以"法学"为据所倡导的。双方分歧正如当时《法政浅说报》所说:"新刑律为采取世界最新之学理,与我国旧律统系及所持主义不同,故为我国礼教派反对。"[①]

例如,张之洞针对新律有关民主平等的内容指出,"知君臣之纲则民权之说不可行也,知父子之纲则父子同罪免丧废祀之说不可行也,知夫妇之纲则男女平权之说不可行也",否则"纲纪不行,大乱四起"。[②]劳乃宣指出:"修律则专主平等自由,尊卑之分、长幼之伦、男女之别一扫而空之。不数年而三纲沦,九法斁,纲纪法度荡然无存,一夫振臂天下土崩,而国竟亡矣。"[③]一言概之,即新律为祸乱之源,纲常为治国之本。

值得注意的是,法理派既从西方现代法学理论中寻找根据,同时也不忘从传统"国学"中谋求支持。如 1910 年 10 月,宪政编查馆将《修正刑律草案》核订后的《奏为核订新刑律告竣折》中强调"新刑律依'根本经义'、'推原祖制'而制定",就显示了这一点。与此相应,礼教派的立论根据主要是但也并不仅限于"国学"。论争的复杂性可见一斑。

日本"法典论争"爆发在"旧民法"和"旧商法"的立法实践中,论争焦点是"旧民法"可否实施。论争中,断行派主要从法国自然主义法学派的思想中寻找根据,延期派除了日本传统思想之外,很多方面是从英国历史主义法学派的思想中寻找根据。

断行派即法国学派信仰自然法学,认为法的原则超越时空,任何国家、任何时代都应依据同样原理制定法典。而延期派即英国法派则服膺反自然

---

① 《法政浅说报》,宣统三年第 11 期,第 17 页。转引自陶广峰:《清末民初中国比较法学的产生》,《法学研究》1998 年第 1 期。
② 张之洞:《劝学篇·变法》。
③ 劳乃宣:《桐乡劳先生遗稿卷一·论古今新旧》。

法学的历史法学和分析法学,认为立法要因地因时制宜,强调法律的国民性和时代性,指责"旧民法"照抄法国民法典,没有体现日本民族性,不适合日本国情。

"法典论争"中,延期派不仅批评"旧民法"对日本固有风俗习惯未能很好地考虑和继承,反而破坏了本国的淳风美俗,还指出"旧民法"条文存在立法技术欠缺、内容与商法不统一等许多不足。如,1892 年 4 月在议会即将审议"旧民法"应否延期实施的前夕,穗积八束等十余人联名发表《延期实施法典意见》,指出"旧民法"七大罪状:(1)"破坏伦常";(2)"缩减宪法上的命令权";(3)"违背预算原理";(4)"缺乏国家思想";(5)"搅乱社会经济";(6)"变动税法之根源";(7)"以威力强制推行学理"。①断行派亦不示弱,岸本辰雄、熊野敏三等联名发表《法典实施断行的意见》,更从九大方面对《延期实施法典意见》详加反驳。可见,日本"法典论争"所涉内容的深度和广度要远远超过清末"礼法之争"。

三、论争的载体

根据现存资料来看,清末"礼法之争"中,双方的争论形成文字材料的,主要表现在一些奏折和公函之中。如《大清新刑律(草案)》公布后,遭到朝廷官吏的极力反对。署邮传部右丞李稷启奏《署邮传部历丞李稷劝奏新纂刑律草案流弊滋大应详加厘订折》,指责新律违反了"立国之根本";各地官吏亦竞相上折表示反对,如《江苏巡抚陈启泰复奏新订刑律与礼教不合之处应酌加修订折》《湖广总督陈夔龙复奏新订刑律与政教难符应详加修订折》《河南巡抚吴重熹奏签注刑律草案缮单呈览并陈制律应顾立国本原折》《浙江巡抚增韫复奏刑律草案有不合礼教民情之处择要缮单呈览折》等。面对责难,沈家本的答复与辩驳亦主要体现在奏折和部分公函之中。如针对劳

---

① 《法学新报》(第 14 号)。转引自〔日〕大竹秀男、牧英正:《日本法制史》,日本青林书院 1985 年版,第 353 页。

乃宣《修正刑律草案说帖》,沈家本奋力反击,撰写《书劳提学新刑律草案说帖后》。这些奏折和公函虽然不多,但已成为今日研究"礼法之争"的重要史料。

相比之下,日本"法典论争"留下来的文字资料相当丰富。延期派的主要阵地是英吉利法律学校的机关杂志《法理精华》,该杂志因激进而猛烈的延期论点而于 1890 年 7 月被政府禁止发行,次年英吉利法律学校创办新的机关杂志《法学新报》,以之作为延期派的战斗阵地。断行派的主要阵地则是明法会的机关杂志《明法志丛》、法治协会的机关杂志《法治协会杂志》和时习社的刊物《法律杂志》。论争双方发表的主要文章如下所示。

1. 论争前期

论争前期是指从 1889 年 5 月法学士会发表《关于法典编纂的意见书》到"旧民法"法典公布这一时期。

表 6.2　"法典论争"前期断行派和延期派论战文章表

派别	文章名称	作者	发表刊物
断行派	《读〈法理精华〉》	矶部四郎	《法政志丛》
	《法律编纂的可否》	井上操	《法政志丛》
	《关于法典发布》	岸本辰雄	《法政志丛》
	《关于新法的发布》	两角彦六	《法政志丛》
延期派	《论法学士会的意见》	增岛六一郎	《法理精华》
	《为英国法律而辩》	冈野敬次郎	《法理精华》
	《分析箕作司法次官的演讲》	奥田义人	《法理精华》
	《民法草案财产编批评》	江木衷	《法理精华》
	《呜呼,民法证据编》	花井卓藏	《法理精华》
	《明治十二年的法律社会及法理精华》	社论	《法理精华》
	《证据法论(法典草案批判)》	社论	《法理精华》
	《评法学士矶部四郎先生的五个观点》	鸟居金帝次郎	《法理精华》
	《新法典概评》	社论	《法理精华》

2. 论争中期

论争中期是指从"旧民法"公布到明治 24 年(1891 年)这一时期。

表 6.3 "法典论争"中期断行派和延期派论战文章表

派别	文章名称	作者	发表刊物
断行派	《发刊词暨法治协会的主义纲领》	社论	《法治协会杂志》
	《关于〈法治协会杂志〉的发行》	社论	《法治协会杂志》
	《论法典修正和实施的先后》	和田守 菊次郎	《法治协会杂志》
	《关于我国法律上的习惯》	饭田宏作	《法治协会杂志》
	《新法制定的沿革叙述》	矶部四郎	《法治协会杂志》
	《法典对于我帝国的利害如何》	大井宪太郎	《法治协会杂志》
	《阐明新法典的十大原则》	监人太辅	《法治协会杂志》
	《法典断行的意见》	楠木正隆	《法治协会杂志》
	《法典与修约》	白眼道人提案 信冈雄四郎执笔	《法治协会杂志》
延期派	《法学新报发行的主旨》	社论	《法学新报》
	《国家的民法》	穗积八束	《法学新报》
	《民法出则忠孝无》	穗积八束	《法学新报》

3. 论争后期

论争后期是指从 1892 年初到同年 5 月第三回帝国议会结束这一时期。

表 6.4 "法典论争"后期断行派和延期派论战文章表

派别	文章名称	作者	发表刊物
断行派	《第三议会和司法部》	社论	《法律杂志》
	《法典实施和司法官的团结》		《法律杂志》
	《法典实施断行的意见》	法治协会	《法律杂志》
	《法典实施断行意见》	和佛法律学校校友会	《法律杂志》
	《明法会设立的目的及会员》		《明法志丛》
	《法典实施意见》	梅谦次郎	《明法志丛》
	《吾辈最后的决心》	社论	《法律杂志》
	《明法会会员关于法典实施的意见》		《明法志丛》
	《法典述怀》	梅谦次朗演讲 丹羽龙男记录	《明法志丛》

续表

派别	文章名称	作者	发表刊物
延期派	《人事编的抵触和重复》	奥田义人	《法学新报》
	《民法证据篇的缺点》	土方宁	《法学新报》
	《读〈法典实施断行意见书〉》	社论	《法学新报》
	《法典实施延期意见》	社论	《法学新报》
	《法典断行派妄言辨析》	奥田义人	《法学新报》
	《法典实施断行论者的自白》	高桥健三	《法学新报》
	《法典与修约》	花井卓藏	《法学新报》
	《民法财产篇在法理上的缺点》	社论	《法学新报》
	《民法与商法的冲突问题》	松野贞一郎	《法学新报》
	《两院通过法典延期法律案》	社论	《法学新报》
	《法典问题》		《法学新报》
	《法典部分延期论妄言辨析》	社论	《法学新报》

四、论争的实质

清末"礼法之争"中,双方都不绝对主张礼教或法理。尤其是法理派,虽然要求用西方法律的原理和原则制定新刑律,但他们都是朝廷官吏,他们的思想并未完全脱离传统礼教,其进行法律改革的最终目的也还是为了维护清政府的专制统治,这与礼教派考虑问题的初衷并无二致。所以,有学者认为:"这场论争,并不反映地主阶级反动派和资产阶级革命派之间的根本分歧,而是体现了在皇权专制之下清末统治集团内部保守派和革新派之间的认识差异。"①也有学者认为,从不同角度出发,可以把这次论争归结为"从文化上说,是外来法文化与传统法文化之争(或者说,是工商文化与农业文化之争);从制度上说,是旧法与新法之争;从思想上说,是家族伦理与个人自由权利之争(或者说,是国家主义与家族主义之争)"②。还有学者认为:"表面上,这是关于法律歧见的争执,而实际上,是如何对待纲常名教的对

---

① 叶孝信:《中国法制史》,北京大学出版社1996年版,第374页。
② 李贵连:《沈家本传》,法律出版社2000年版,第297页。

立。在中国近代法制史上,是属于中学与西学,旧学与新学争议的范围,乃为中西法律文化根本不同的冲突;甚至可以说,是中国传统农业社会法律体制与西方近代工商社会法律体制的正面交锋。"①

关于日本"法典论争"的实质,学者同样看法不一,主要观点有:(1)穗积陈重等认为,"法典论争"体现了自然主义的法国法学派与历史主义的英国法学派的对立,与德国爆发的法学家萨维尼②和蒂鲍③间的争论几无二致。(2)平野义太郎等认为,论争体现了自由主义与半封建的专制主义、改进论与保守说的对立,即,法国民法的资产阶级自由主义和半封建的醇风美俗的旧习惯主义在观念上的对立。(3)中村菊男等认为,论争的实质并非观念的对立,而是有两层含义:一方面体现了法国法学派与英国法学派的对立,另一方面特别体现了功利的派阀的对立,加之在改正不平等条约等问题上政治立场的不同而使问题政治化。(4)远山茂树则排除单纯的观念对立的公式化理解,认为论争同解散议会的藩阀政府与在野党间激烈的政治斗争、政府法典编纂意图与改正不平等条约的关系、家长制及强调忠孝道德的趋势等问题密切相关,所以应从政治史角度把握论争全貌及其历史意味。④

笔者认为,"礼法之争"中,法理派虽然从身份上来讲是朝廷官员,从思想上来讲未能完全脱离传统礼教,但在立法实践中,他们将罪刑法定等一系列西方近代刑法原则、概念和理论引入《大清新刑律》草案;将私有财产神圣不可侵犯、契约自由和过失责任这三项近代民法基本原则引入《大清民律》

---

① 黄源盛:《中国传统法制与思想》,台湾五南图书出版有限公司 1998 年版,第 337 页。
② 萨维尼(Friedrich Karl von Savigny, 1779—1861 年),德国法学家,历史法学派主要代表。曾著有《论当代在立法和法理方面的使命》一书以反驳海德堡大学教授蒂鲍的思想,认为法律不是理性的产物,而是世代相传的民族精神的体现。
③ 蒂鲍(Anton Thibaut, 1774—1840 年),德国法学家,著有《德意志国一般民法之必要》一书,力倡编纂民法典之重要性。
④ 〔日〕中村雄二郎:《近代日本的制度和思想:明治法思想史研究序说》,日本未来社 1999 年版,第 90—91 页。

草案;将陪审制、律师制等西方近代诉讼制度引入《刑事民事诉讼法》草案
等,在一定程度上吸收了西方资产阶级的民主、平等和法治等原则,反映了
中国资产阶级经济发展的要求,并在论争中主要从西方现代法学理论中寻
找根据,竭力维护法制改革的成果,无论是其主张,还是其立法实践,均表明
他们已具备一定的资产阶级萌芽思想。因此,"礼法之争"表面上看是清末
统治集团内部朝廷官吏之间的争议,但其实质则是资产阶级萌芽思想与传
统旧思想的一次交锋。而日本的"法典论争",表面上看似乎是资产阶级新
思想与传统旧思想的争论,但论争的双方都不反对日本在发展资本主义经
济的同时建立与之相适应的法律体系,只是在所建立的法律体系的类型或
方式上有不同认识,因此,法典论争的实质是资产阶级内部不同派别之间的
争论。这正是两大论争的本质区别。

第五节　论争的结局、影响及对论争双方的评价

清末"礼法之争"的结果,是在新刑律正文之后,附加了《暂行章程》5
条,意在加强对清廷专制统治的保护。凡涉及危害皇权或皇室的行为,都规
定加重处罚。同时,也加强了对纲常名教的维护。凡涉及违反伦常的行为,
新刑律已进行规定的,则加重处罚;新刑律未进行规定的,则加以补充。总
的来说,"礼法之争"以法理派的退让和妥协告终。究其原因,主要是:其一,
传统法律思想根深蒂固。其二,法理派的思想具有内在的妥协性。法理派
代表人物长期受传统礼教的熏陶,思想深处除了具有进步的一面以外,又具
有传统的羁绊。其三,法律总是"由一定物质生产方式所产生的利益和需要
的表现",在当时十分孱弱的资本主义条件下,向保守势力退让是不可避免
的。其四,两派的力量对比悬殊,从皇帝、太后,到军机大臣、法部和礼部尚
书、学部大臣、总督巡抚等,基本都是礼教派的支持者;而法理派主要是修订

法律馆这样一个没有实权的法律起草机构的成员,两派的实力对比决定了法理派的失败是不可避免的。

后世的研究者往往将"礼法之争"中法理派的失败归于其一味地妥协退让,但结合当时复杂的政治形势,我们不难得出结论,法理派的妥协退让实在是不得不做出的无奈之举。沈家本作为清廷的修律大臣,即便在法制改革中具有一定的权力,但无论如何,他也不能越出专制皇权所能容许的范围。以奴婢制度为例,沈家本当然想彻底予以废除,但碍于朝廷内外保守势力的压力,他不得不在具体细节问题上采取变通的做法,以图达到改革的目标。对此,他无奈地说道:"倘朝廷大沛殊恩,依照西国赎奴之法,普行放免,固为我国家一视同仁之盛举。即不然,不强之以放赎,而但变通其罪名,此亦修法者力维之苦心,举世所当共谅者也。"①可以想见,沈家本在诸多问题上,有其势不从心、力不从心的难言之隐。

从历史角度来看,虽然这场论争伴随着清政府的覆亡很快画上了句号,但一方面,它在客观上对近代法律思想的传播起到了一定的积极作用,另一方面,无论是论争的焦点——礼与法的关系问题,还是对"礼法之争"中法理派与礼教派的评价,都成为后世学者研究和思考的对象。

法理派与礼教派,究竟孰是孰非,孰优孰劣,的确难以轻下结论。本书将"礼法之争"的实质视为资产阶级萌芽思想与传统旧思想的一次交锋,因此,从资产阶级思想要比传统思想进步出发,也许会得出法理派比礼教派进步的结论。但如果结合对当时具体情况的考察,就会发现问题远没有这么简单。首先,法理派也都是朝廷官吏,他们的思想并未完全脱离传统礼教,其进行法律改革的最终目的也还是为了维护清政府的专制统治,而且,在与礼教派的斗争中,法理派不得不一次又一次地论证和申辩自己对礼教的重视。其次,如果完全将礼教派归于落后和保守似乎也未为妥当。正是由于

---

① 沈家本:《删除奴婢律例议》,载《寄簃文存》,商务印书馆 2015 年版,第 23 页。

礼教派的代表人物张之洞于 1902 年伙同袁世凯、刘坤一的联名上书要求变法，才拉开了整个清末的法律改革的序幕。可见张之洞等礼教派绝非完全食古不化、保守反动之辈。沈家本自己就很坦荡地说："方今学之大势分为两派，守旧图新，各执其是，分驰并骛，时加倾轧，世方以为患，而非患也。旧有旧之是，新有新之是，究其真是，何旧何新？守旧者思以学定天下之变，非得真是，变安能济也？图新者思以学定天下之局，非得真是，局莫可定也。世运推演，真是必出，倾轧者方将融化矣，故曰非患也。"①这段话，可谓左右逢源，滴水不漏。

正因评判如此之难，所以后世学者，对两派均持赞赏态度者有之，对两派均持批判态度者亦有之。

对两派均持赞赏态度者如民国学者朱方。他一方面称道清末修订法律大臣沈家本主持下的修订法律馆的工作，认为沈家本兼通中外法律，实为我国近代第一法律家。法律馆所定刑律、民律等各种草案，"皆极可观"。但同时他又说，劳乃宣等虽与沈家本意见不同，但其爱护法律、尊重法律，则与沈家本如出一辙。故，"对于新派（法理派）固应钦佩，即对于旧派（礼教派），亦不得不致其相当之敬意"②。

对两派均持批判态度者如近现代学者蔡枢衡。他一方面指出，"民族自我意识之欠缺，算是沈派先天的缺憾"，另一方面又认为，反沈派的注意只集中在历史，而忽视了现实，没有留意到历史与现实的不同范畴。"反沈派的存在，并不影响于沈派否定反沈派的地位，也不能消灭沈派已经完成了的历史使命。"③

---

① 沈家本：《枕碧楼偶存遗稿卷五·浙江留京同学录序》，载王德毅主编：《丛书集成三编》（卷 60），台北新文丰出版公司 1997 年版，第 651 页。
② 朱方：《中国法制史》第 5 章《变动时期之法制》。转引自华友根：《中国近代法律思想史》（下册），上海社会科学院出版社 1993 年版，第 72—73 页。
③ 蔡枢衡：《中国法律之批判》。转引自华友根：《中国近代法律思想史》（下册），上海社会科学院出版社 1993 年版，第 236 页。

日本的"法典论争"以延期派的胜利而告终,它直接导致了"旧民法"实施的破产。这种结果的取得尽管与当时错综复杂的政治斗争密切相关,但延期派在论争中的作用不可轻视。延期派的胜利在某种意义上,给通过直译方式移植外国法典的日本法学界一个有力的警示和提醒,也为日本此后在引进西方法律时重视兼顾本国法律传统开拓了新的起点。"旧民法"被延期实施后,日本政府迅速成立法典调查会,在"旧民法"的基础上编纂新的民法典(既明治民法)。论争中延期派对编制体裁中继承法位置不够突出的批评意见、对"旧民法"中法律定义和原则规定过于繁琐的批评意见、对物权法和租赁权法的批评意见等,在编纂新民法典时都得到采纳。

但是,对法典论争的作用,亦不可过分夸大。例如,"旧民法"在论争中最遭人批评的,是其人事编部分,甚至当时有这样的流行说法:"人事编使民法延期,民法使商法延期。"①然而,"旧民法"被延期后日本政府迅速编纂并通过的明治民法仍然根据近代法的原理规定了家族制度,虽然在法典论争中疾呼"民法出则忠孝无"的穗积八束转而对明治民法大加批判,明治民法仍然几乎不费吹灰之力便得以在两院顺利通过。毕竟,法典论争并不是一场纯粹的学术上的争论,政治斗争的影响显而易见。

同时,"法典论争"中所体现出来的英国法学派与法国法学派的矛盾以及最后的结局也相当引人注目。

如前所述,"法典论争"的延期派主要是英国法学派,而断行派主要是法国法学派,因此有人将"法典论争"诠释为英国法学派与法国法学派的阵地之争:"旧民法是法国法系的法典,如果旧民法得以实施,对英国法学派来说将是致命的打击。"②博瓦索纳德曾发表题为《批评对新法典的非难》的论文指出,在《法典实施延期意见》署名的11人之中,多数是只学习过英国法律或美国法律的律师,他们对民法和商法之所以心怀不满,恐怕在于新法典未

① [日]星野通:《明治民法编纂史研究》,日本信山社1984年版,第140页。
② [日]长野国助:《法曹百年史》,日本法曹公论社1969年版,第45页。

偏重于他们所学的东西,一旦实施起来,他们将不得不重新对此进行研究,因此才感到不快的。①

　　有趣的是,"鹬蚌相争,渔翁得利",英国法学派和法国法学派斗争的结果是,德国法学趁虚而入并后来者居上,从 19 世纪末开始逐渐成为日本的主流法学,日本由此而步入了"德国法万能"时代,这种结局,恐怕是英、法两派法学者所远远没有预料到的。

---

① ［日］加藤雅信:《民法学说百年史》,日本三省堂 1999 年版,第 15 页。

第七章
中日民法近代化若干问题之反思

第一节　中日民法近代化历史进程的特点

纵观中日两国民法近代化和法典化的历史进程，可以总结归纳出以下共同特点。

第一，收回治外法权的迫切要求是中日两国民法近代化的直接动因。

中日两国民法近代化自始至终贯穿着两国政府收回治外法权的政治目的。从《大清民律草案》到北洋政府《民律草案》再到《中华民国民法》；从日本"旧民法"到明治民法，任何一部法典的编纂无不与治外法权的收回密切相关，有时甚至会出现为废除不平等条约、收回治外法权而一味追求立法速度、不顾本国国情的极端做法。可以说，收回治外法权的迫切要求是中日两国民法近代化的直接动因。

第二，政府的公权是中日两国民法近代化的基本推动力量。

根据辩证唯物主义的观点，生产力决定生产关系，经济基础决定上层建筑。经济状况应该是一个国家法律发展水平的决定性因素。回首中国和日本民法近代化的开端，虽然资本主义生产关系开始出现，但简单、落后的封建法制严重阻碍了生产力进一步发展，新出现的社会经济关系需要有新的法律规范加以调整。然而，如果说两国民法近代化完全由于经济发展的推动,则并不准确。因为,中日两国的物质基础和文化基础决定了近代法制不可能在社会内部自发产生,无论是清末的法制改革,还是日本明治政府大规模的立法运动,都是由国家自上而下地推动展开,政府的公权始终是两国民法近代化的基本推动力量。

第三,大量移植西方近代民法是中日两国民法近代化的根本途径。

近代民法是伴随着西欧各国资本主义生产关系的发展而诞生的,它是西方近代文明的产物。中日两国在法制改革的方向上,均以大量移植西方近代民法作为推动民法近代化的根本途径,这出于三方面的原因:第一,西方经济发达,国力强盛,西方国家的法律制度自然成为中日两国争相效仿的对象;第二,西方国家收回治外法权的先决条件便是中日两国建立与西方国家一样的近代法律体系,这决定了中日两国的法制改革不得不以西方法制为参照;第三,在中日两国的社会内部不可能自发产生近代民法,大量移植西方近代民法对中日两国民法近代化来说,既是经济、快捷的途径,又是唯一的途径。

第四,本国法学和法律人才的繁荣是中日两国民法近代化实现的重要保证。

中日两国在法制近代化初期,法学水平落后,法律人才匮乏,根本不具备独立编纂民法典的能力,所以《大清民律草案》和日本"旧民法"只能主要依靠外国法学家来进行起草。这样做表面上看来虽然会大大加快近代民事立法完成的速度,但毕竟外国法学家对本国法律传统和法律习惯不甚了解,其考虑问题亦多出自学术而非实践的角度,因此,经其手制定出来的法典往往与本国国情差距较大而难以真正付诸实施。中日两国近代民法典编纂的历史说明,民法近代化的真正实现有赖于本国法学和法律人才的繁荣。

第五,近代民法与现实的融合是中日民法近代化留给后世的长远任务。

尽管《中华民国民法》和明治民法在制定过程中确实十分重视本国固有的法律传统和法律习惯,但是,毕竟近代民法是西方文明的产物,其法律理念与中日两国传统思想相差悬殊,中日两国国民摆脱传统思想的束缚,转而认同并接受西方近代民法理念,仍然需要一个相当漫长的过程。因此,《中华民国民法》和明治民法的制定和颁布实施标志着中日两国民法近代化的完成,但是,两部法典与现实的融合以及民法从近代化迈向现代化仍然是任重道远的艰巨任务。

第二节　民法近代化与法律习惯

一、法律习惯的概念

据现代汉语辞典的解释,"习惯"有两层含义,一是指"常常接触某种新的情况而逐渐适应";二是指"长期逐渐养成的、一时不容易改变的行为、倾向或社会风尚"。①前者一般作动词使用,后者一般作名词使用。本书所讲习惯,较接近于汉语辞典的后一种定义,是指经过一定时期形成的为大多数人所接受的行为方式。

日语中的"习惯"和"惯习"两词译成汉语都是"习惯",但是两个概念的范围和侧重点有所不同。一般来说,"惯习"较侧重于指一定社会长期以来形成并被该社会的成员广泛接受的传统的行为模式,而"习惯"则主要指日常的行为方式,其范围比较广泛,往往涵盖了"惯习"的内容。本书所探讨的内容更贴近于日语"惯习"一词的含义,但为表达一致起见,统一使用"习惯"一词。

所谓法律习惯,就是经过较长一段时期所形成的、为大多数自然人或者组织所接受的、引起法律关系产生、变更或消灭的法律行为的模式。由于本书探讨的对象是民法近代化中的民事法律习惯,所以本书所言"法律习惯",主要是指民事主体在设立、变更、终止民事权利和民事义务的法律行为中所形成的为大多数人承认并接受的行为模式。

---

① 《现代汉语小辞典》,商务印书馆 1988 年版,第 601 页。

二、法律习惯的特点

1. 法律习惯具有较强的地域性

中国幅员辽阔,不同的地方有着不同的法律习惯,正如谓"五里不同俗,十里改规矩"。例如,一般认为,"典"是独具中国特色的一种民事习惯,但学者王志强通过对近代典、当制度调查研究后指出:"典、当契约的概念,在近代中国社会中的不同地区往往可能有完全不同的内涵。个别地区典、当有所区别,有的地区二者并用而不加区分,有的地区仅用其一,这几种情况似乎遍布全国南北各地,并无地域分布上的规律可循,各地习惯用法的形成恐怕具有相当的偶然性和随意性;还有的用法甚至远远偏离了概念的本意,使情况更加复杂。"①进而得出结论:"各地在一些概念的使用上呈现出相当大的差别性,而且分布上也往往无规则的地域集中性。"②

2. 法律习惯具有民族性

中国是一个多民族的国家。不同的民族,往往不仅有着不同的语言和服饰,而且在法律习惯尤其是在婚姻和继承习惯上有着较大的差异。

3. 法律习惯具有继承性

法律习惯不是一朝一夕就能产生的,其形成和发展需要一个长期的过程。它与社会政治、经济、思想观念、文化传统等诸要素有着密切的联系,并且与这些要素一样具有突出的历史继承性。例如,男女婚姻须遵循"父母之命""媒妁之言"的民事习惯就源于 3 000 多年前的西周时期,此后为历代一直沿袭。

4. 法律习惯具有进化性

法律习惯并非一成不变的。随着社会政治、经济、文化的发展,与生产关系发展水平不相适应的旧的法律习惯会逐渐消亡或者发展变化,同时新的法律习惯又会不断产生,法律习惯具有进化性。

---

①② 王志强:《试析晚清至民初房地交易契约的概念》,《北大法律评论》(第 4 卷)第 1 辑。

三、法律习惯的意义

习惯是法律的重要渊源之一，一直受到法学界的高度重视。

1. 法律最早起源于习惯

恩格斯认为："在社会发展的某个很早的阶段，产生了这样的一种需要：把每天重复着的生产、分配和交换产品的行为用一个共通规则概括起来，设法使个人服从生产和交换的一般条件。这个规则首先表现为习惯，后来便成了法律。"①

2. 习惯补充和代替着法律

资产阶级启蒙思想家卢梭认为："风俗、习尚，尤其是舆论……形成了国家的真正宪法；它每天都在获得新的力量；当其他的法律衰老或消亡的时候，它可以复活那些法律或代替那些法律，它可以保持一个民族的创制精神，却可以不知不觉的以习惯的力量代替权威的力量。"②

3. 习惯是成文法的基础

梅因认为："'罗马法典'只是把罗马人的现存习惯表述于文字中。"③《法国民法典》的翻译者亦认为，著名的《法国民法典》有两个法律渊源，其中"习惯法处于优势"④。

4. 习惯具有一定的法律效力

西方近代民法一般明确承认与法律和公序良俗不相违背的习惯的效力，对当事人依照法律习惯所从事的民事行为给予法律上的保护。

四、中日民法近代化进程中对待法律习惯的态度

我国第一部近代民法典——《大清民律草案》曾经在"法例"章第一条规定：

---

① 《马克思恩格斯选集》(第2卷)，人民出版社1972年版，第538页。
② ［法］卢梭：《社会契约论》，商务印书馆1980年版，第73页。
③ ［英］梅因：《古代法》，沈景一译，商务印书馆1959年版，第11页。
④ 《法国民法典》，李浩培、吴传颐、孙鸣岗译，商务印书馆1979年版，"译者序"第11页。

"民事本律所未规定者,依习惯法,无习惯法者,依条理。"虽然在总体上承认了习惯法的效力,但该法典对"老佃""典权"等我国传统习惯却未给予足够的重视。

北洋政府《民律草案》试图吸取《大清民律草案》的教训,所以在财产法部分规定了"典权",在人格法部分加强的户主的特权,并规定了"宗祧继承",同时在总则编删除了承认习惯法效力的规定。但这样做的结果并不讨好。批评者认为,规定"宗祧继承"使法典趋于落后和保守,而删除承认习惯法效力规定的做法又使法典趋于封闭。

《中华民国民法》在一定条件下承认习惯法和条理的效力,保持了法典体系的开放性。《中华民国民法》在总则编明文规定,"民事法律未规定者,依习惯,无习惯者,依法理",同时增加了一款,"民事行为所适用之习惯,以不违背公共秩序和善良风俗为限"。在具体立法上,《中华民国民法》对我国法律传统进行了仔细的分析和慎重的选择,规定了传统的典权制度,依据中国传统婚姻习惯专章规定了婚约,并在婚姻成立上采取事实婚主义,同时坚决地废除传统的宗祧继承制度。

日本明治民法编纂之时,穗积陈重向贵族院提交民法案时曾说明,"旧民法"被延期施行的一个很大的原因就是其对本国的习惯在立法中未加参酌。因此,法典调查会对此给予了特别的注意。法典调查会收集了古代的法律、中世的法律、江户时代的法律和惯例、明治维新后的法律、惯例和判例等。对有益的习惯,不用说要保留下来;对保留下来无害的习惯也保留下来;对必须保留、但又有一定害处的习惯,在预设防止弊害发生的规则后予以保留;对非常有害的习惯,予以更改。[1]值得注意的是,日本立法者并没有以西方国家近代民法理论为标准将本国民间习惯划分为先进和落后两种类型,而是以对社会是否有益为标准将它们划分为"有益的""无害的""有一定害处但必须保留的"和"非常有害的"四种,对前三种均予以保留,只对"非常有害

---

[1] 《帝国议会贵族院议事速记录(13):第11、12议会》(明治30年),第146页,转引自[日]广中俊雄、星野英一:《民法典的百年》,日本有斐阁1998年版,第33—34页。

的"才予以更改。可见，明治民法的立法者对传统习俗所采取"以保留为一般，以更改为例外"的基本原则，这种做法突出显示了立法者对法律习惯的重视。

此外，明治民法起草过程中有关法律习惯的争论亦很有代表性。最初的草案规定："习惯不违反成文法规定的，具有法律效力。"富井政章认为，编纂民法典的宗旨就是要将零散、不明确的各种习惯整理规范成为统一、明确的法律规定，从而确实保障当事人的权利，如果民法典广泛承认习惯的效力，那么就失去了法典编纂的意义。梅谦次郎则持不同意见，认为西方的法典大多即是将法律习惯用文字表达出来而已，日本的民法典编纂，一方面要以西方的学说为基础，另一方面要尽量不违背以往的法律习惯。因此，如果能够确认法律习惯，即使当事人没有明确的意思表示，仍然要承认习惯的效力。①争论的结果是形成了明治民法的第 92 条规定，"有与法令中无关公共秩序和规定相异的习惯，如果可以认定法律行为当事人有依该习惯的意思时，则从其习惯"，在一定程度上承认了习惯的法律效力。

中日民法近代化过程带给我们的启示是：民法典编纂在总体上可有条件地承认习惯的效力，以习惯作为对民法典条文未及内容的补充，保持法典的开放性；在具体规定上，对本国法律习惯既要重视，积极将其吸取到民法典的内容之中，同时又要对其进行仔细的分析和慎重的选择，对与时代精神相悖的习惯要坚决地加以摒弃。

第三节 民法近代化与法律传统

一、法律传统的意义

法律传统是中日两国在民法近代化过程中都无法回避的一个重要问

---

① ［日］川口由彦：《日本近代法制史》，日本新世纪株式会社 1998 年版，第 291—292 页。

题。清末《大清民律草案》固然是因为清政府的迅速崩溃而沦为一张废纸，然对其全然不顾本国法律传统、盲目抄袭别国法律的做法，后世学者亦给予了严厉的指责。日本"旧民法"颁布后引发激烈的"法典论争"，反对派的主要论点之一便是，"旧民法"照搬照抄法国民法典，不仅对日本本国的法律传统不予重视，反而在家族制度方面破坏了日本固有的善良风俗，法学家穗积八束甚至喊出"民法出则忠孝无"的口号，结果导致"旧民法"被延期。北洋政府《民律草案》试图吸取《大清民律草案》的教训，扩大了家长的特权，增加了对子女权利和妇女权利的限制，规定了宗祧继承内容，巩固了封建宗法制度等，却又被后人批评为趋于反动和落后。《中华民国民法》和日本明治民法在制定过程中亦常常遇到引进西方法律与保持本国法律传统的矛盾。可见，如何对待本国法律传统，是一个国家民法近代化过程中不得不面对的首要问题。

二、法律传统的概念

据《现代汉语辞典》解释："传统是指世代相传、具有特点的社会因素，如文化、道德、思想、制度等。"①《辞海》的解释是："历史流传下来的思想、文化、道德、风俗、艺术、制度以及行为方式等。对人们的社会行为有无形的影响和控制作用。传统是历史发展继承性的表现，在有阶级的社会里，传统具有阶级性和民族性。积极的传统对社会发展起促进作用，保守和落后的传统对社会的进步和变革起阻碍作用。"②

日语中亦有"传统"这一词汇，根据日本权威词典《广辞源》的解释："所谓传统，是指一定民族、社会或团体通过较长历史所培育并流传下来的信仰、风俗、制度、思想、学问、艺术等。"

结合以上对"传统"一词的定义，本书认为，所谓法律传统，是指经过较

---

① 《现代汉语辞典》，商务印书馆 1996 年版，第 194 页。
② 《辞海》，上海辞书出版社 1999 年版，第 587 页。

长时期所形成并流传下来的具有特色的法律制度、法律思想、法律文化和法律习惯等。

三、我国的法律传统及其价值判断

中国是世界著名的文明古国,在创造了灿烂的文化的同时,也形成了历史悠久而独具特色的法律传统。学者张晋藩把中国法律的传统归纳为 12 类:引礼入法、礼法结合;恭行天理、执法原情;法则公平、权利等差;法自君出、权尊于法;家族本位、伦理法治;重刑于民、律学独秀;以法治官、明职课责;纵向比较、因时定制;立法修律、比附判例;援法定罪、类推裁断;无讼是求、调处息争;诸法并存、民刑有分。并进而认为:"传统决不意味着腐朽、保守;民族性也决不是劣根性。传统是历史和文化的积淀,只能更新,不能铲除,失去传统就丧失了民族文化的特点,就失去了前进的历史与文化的基础。"①

学者尹伊君则依照伯尔曼对西方法律传统基本特征的概括方式,将中国法律传统概括为 10 个基本特征:①以政治权威为中心的法律工具主义观念;②礼法文化;③法律公开维护等级制度及其特权;④德主刑辅的教化观念;⑤家族是法律上的基本单位,家族主义是法律的核心概念;⑥因为礼、道德、民间法等对社会的有效调整,国家法的调整范围和效力受到限制;⑦法律不仅受到法律外因素的影响和干扰,亦被法律内的各种法律形式所分解,法律被其他法律形式破坏甚至代替;⑧正统儒家观念贬抑法律的地位和作用;⑨公法发达而私法不发达;⑩法律程序外毫无限制的申诉程序的存在使得程序内的终审有名无实。②

将我国长期以来的法律传统进行整理和归纳已属不易,对其进行价值判断更是困难。学者武树臣曾尝试将中国传统法律文化划分为劣性遗产、

---

① 张晋藩:《中国法律的传统与近代转型》,法律出版社 1997 年版,"目录"和"前言"。
② 尹伊君:《社会变迁的法律解释》,商务印书馆 2003 年版,第 209—213 页。

良性遗产和中性遗产三大类。其中,劣性遗产包括"亲亲""尊尊"的差异性精神和"重狱轻讼"的专制主义色彩;良性遗产包括朴素唯物主义、辩证法和无神论精神,"人治""法治"相结合的"混合法"样式,日臻纯熟的法律艺术;中性遗产包括立足于社会总体利益的"集体本位",行为规范的多元综合结构,司法中的温情主义,统一完备的法律设施。划分的同时,他又一再强调,这种划分常常带有某种主观性。事实上,即使最优秀的文化遗产也不可避免其局限性,而最落后的文化遗产也总含有其"合理性"。①

的确,对中国传统的价值判断,往往是仁者见仁、智者见智。例如,关于中国传统的家族主义和道德礼教,经常被视为法制近代化或现代化的羁绊而遭到猛烈抨击,然而,德国学者魏格礼(Dr. Oskar Weggel)在批评民国法律时指出其三个缺陷:"一、中国现代的法律制度,多是继受欧洲法律。其根本思想乃是由于个人主义者的观点和权利中心的立法。这些却是与中国传统的家族主义社会本位义务的观点相反。此种舍己从人的立法,对于一个文化悠久的国家来说,自属欠妥。二、道德礼教是中国传统的法律根本精神。但在中国现行的法律制度里却被排斥掉了。取而代之的是工商社会下的机械式的法制,往往与现实情势脱节。三、以中国为代表的传统的东方法律制度,富有济弱扶倾,抑强奖善的原则,可是现行的中国法制,却不太注意这传统的社会思想。"②如此观点出自一位西方学者之口,的确发人深省。

无论对我国法律传统价值如何判断,有一点是肯定的,那就是,在我国法律传统中,有益于近代民法产生和发展的积极因素是少之又少,这种状况显然与我国专制社会漫长的历史特点密切相关。长期以来,皇权专制统治严重束缚了民法精神中权利意识的产生;单一的自然经济状态抑制了民法

---

① 武树臣:《中国传统法律文化》,北京大学出版社 1994 年版,第 737—755 页。
② 张镜影:《现行民法与中华文化之枘凿》,载韩忠谟、刁荣华:《法律之演进与适用》,台湾汉林出版社 1977 年版,第 309 页。

的发展;熟人社会的特点和无讼的思想观念淡化了民法存在的价值和由民
法调整社会关系的必要;宗法制的等级秩序和家族本位阻碍了独立的民法
主体的产生和存在。在这样的土壤上培育和发展起来的我国的法律传统自
然与近代民法的精神有着较多的冲突。在这种情况下,如何解决固有法律
传统与西方近代民法精神的矛盾和冲突,便成为民法近代化过程中要解决
的首要问题。

四、对待法律传统的正确态度

伴随着中日两国法制近代化的脚步,有关法律传统的争论始终未停止
过,这在清末"礼法之争"和日本"法典论争"中表现得特别突出。有趣的是,
在这两大论争中,从礼教派到法理派,从延期派到断行派,都不否认在引进
西方先进法律成果的同时,要重视继承和吸收本国固有的法律传统。但一
旦涉及什么是传统以及哪些传统应该继承和吸收,分歧便随之产生。

我们当然不能以现代法律的标准或现代的眼光去检验和认定当时情况
下所谓的"传统"。更何况,一方面,民事习惯和法律传统随着时间、地域的
不同而错综复杂、千差万别;另一方面,传统也并非一成不变。旧的传统随
着其赖以产生和存在的社会物质基础的改变而改变或趋于消亡,新的传统
又会随着社会的发展而逐渐形成。传统在不断地吸收着近现代的东西并向
着近现代方向发展和转化。而且,有关传统的判断亦是见仁见智,同为朝廷
大员的礼教派和法理派对传统的认识已是大相径庭,更别说统治阶层与普
通民众的认识差异了。因此,如何唯物地、辩证地看待一个国家的法律传
统,将是立法工作者所不得不直面的一个难题。

在如何对待法律传统方面,《中华民国民法》和日本明治民法为我们提
供了有益的经验和借鉴。"既重视传统,又不固守传统",是这两部法典对待
本国法律传统的一致态度,但是,两部法典的实施效果并不完全相同。

《中华民国民法》在立法中贯彻"男女平等"的原则,一举抛弃中国封建

社会长期以来的"三纲五常""男尊女卑"的落后观念,但由于该项原则与社会现实差距太大,所以不仅在司法实践中难以发挥作用,反而往往不得不以司法解释例或判例向社会习俗妥协,结果导致民法的权威性遭到一定程度的破坏。例如,民法规定,婚约应当由男女当事人自行订定,未成年人的婚姻,应征得法定代理人的同意。但我国自古以来有包办婚姻的传统,婚姻一事悉听"父母之命、媒妁之言",这种传统观念在民国时期亦有强大的势力。对此,司法院的解释例不得不向现实妥协,规定"男女婚姻,其主婚权在父母,惟须得祖父母之同意"。因此,在对《中华民国民法》的评价上,后世学者对其进步性均无疑义,但对其实践效果,则不少学者认为,该法典过于超前,与中国当时的国情脱节,以至于使得其在国民党统治区适用的20年期间,始终与国民的生活存在隔膜。

　　日本明治民法对日本传统的家族制度的继承和发展则是相当成功的一例。明治民法专章对户主的特权与家属成员的从属地位作了具体规定,强调户主在家族中的统治地位,规定户主为家族之长,户主身份除法律规定的原因外不得变更,家族成员须在户主指定的地点居住,家族的婚姻或收养等重要事项须取得户主同意,否则户主可将其赶出家族等。在继承日本传统的家族制度的同时,明治民法对该制度进行了大胆的改造。例如,明治民法在财产法部分贯彻个人所有权的原则,为了与之保持一致,在规定户主制度时,户主的权利主要限于对家族其他成员在身份上的控制权。家族的其他成员,仍享有独立的财产权,户主对家族成员的财产权亦不得限制。而且,明治民法还削弱了户主对家族成员的身份控制权。可以说,明治民法对日本的法律传统既有继承,又有发展;既有保留,又有改革;既有妥协,又有创新。

　　当然,如果用现代眼光回顾日本明治民法,人们会觉得它保留了大量的封建残余,有着太多的落后性,以致日本政府后来不得不对其进行多次修改,其中修改最多的自然是其对封建传统妥协最多的亲属编和继承编部分。

以至于有人将明治民法实施以后 100 年间最大的变化归结为 1947 年家族法的全面修改，认为"修改后的家族法部分，除第四编亲族和第五编继承的标题得以保留之外，其内容被修改得几乎与以前完全不同。如果一定要指出什么地方未被修改的话，那也仅仅只有亲族范围内的'六等亲内的血亲'、'配偶'、'三亲等内的姻亲'的规定以及与此相关的'亲等'计算方法等几个部分"①。

然而，也许正是因为明治民法对日本法律传统的妥协，才使其得以在社会上顺利实施而未流于一纸空文；而且，明治民法某些内容的保守性与落后性也并不妨碍法典其他内容在当时条件下对促进资本主义经济发展所起的积极的推动作用。日本的民法之所以能在后来一步步迈向现代化，明治民法是当之无愧的奠基石。不妨设想，如果将当今日本最新版的民法典放在明治初年，那它肯定既难以在议会获得通过，也不可能在民间顺利实施，虽然它无疑要比明治民法进步得多。

所以，为了与本国法律传统相适应，为了保证法典的实施效果，即便是在立法时暂时牺牲一定程度上的先进性而适当保留一定的落后性，亦不能不说是一种洞察时务的明智选择。不过，一定时期内和一定程度上对法律传统和法律习俗甚至是落后习俗的保留与妥协，并不意味着永远的保留和妥协。一旦条件成熟，我们要适时对其进行修改和完善。正由于此，我们才说，法制的近现代化是一个渐进的过程，立法时只重先进性而忽视本国国情、妄图毕其功于一役的做法是不可取的。

但是，立法中对法律传统的重视并不意味着法律传统对立法有决定作用。如果像历史法学派的代表人物萨维尼那样认为"法律只能是土生土长和几乎是盲目地发展，不能通过正式理性的立法手段来创建"②，则无疑是

---

① ［日］石井紫郎：《日本民法的 125 年》，载《北大法律评论》（第 4 卷）第 1 辑，法律出版社 2001 年版，第 358 页。
② 张宏生：《西方法律思想史》，北京大学出版社 1983 年版，第 369 页。

从一个极端走向了另一个极端。

第四节　民法近代化与法律移植

一、法律移植的概念

根据汉语词典的解释,"移植"有以下两种含义:①把苗床或秧田里的幼苗拔起或连土掘起移栽到别处;②将有机体的一部分组织或器官补在同一机体或另一机体的缺陷部分上。"法律移植"一词,系将生物学上"移植"一词引申使用到社会科学领域而形成的。

在英语中,与"法律移植"相对应的词语是"legal transplant",这在西方比较法学中也是使用较多的一个术语。

日语中亦有"移植"一词,根据《广辞源》的解释,它主要指:①植物移往别处;②细胞、组织、脏器等个体的一部分向同一个体的其他部位或向其他个体移植;③生物发生学上胚胎的移植。日语中用来表示社会学上的法律移植时一般不大使用"移植",而是使用"继受"一词。

本书认为,所谓法律移植,是指一个国家或地区将其他国家和地区比较先进的法律吸收到自己的法律体系中的实践,其进行移植的对象,既包括法律规范、法律制度、法律原则,也包括法律理论和法律学说。

二、法律移植的可行性

从理论上来看,法律移植是法律发展的规律之一。"从辩证唯物主义哲学来看,世界上任何一个事物,都包含了普遍性和特殊性两个方面,法律也不例外。各个国家的法律,产生于各个不同的国家的土地之上。因此,具有各自不同的特点,这是法律的特殊性。但是,作为调整各国的人们行为的一种规范,法律又有普遍性,它要解决一些各个国家的人们都面临的共同问题。"①尤其是,世界上各个国家在政治、经济、文化等方面的发展存在着严重的不均衡现象,法律发展水平极不一致,由此法律移植的可行性转化为现实性。

从实践上来看,法律移植是法律发展的一个基本历史现象。在古代和中世纪社会,虽然国与国之间的交通不甚方便,但法律移植已经非常普遍。如希伯来移植巴比伦的法律,古代罗马移植古希腊的法律,中世纪西欧各国移植罗马法,中世纪欧亚非国家移植伊斯兰法等。近世以后,法律移植的现象更加普遍,如法国移植古罗马的法律,近代德国移植法国的法律,近代美国移植英国的法律,近代日本移植法国和德国的法律,近代亚洲国家移植日本以及西欧的法律等②。

关于法律移植的可行性,学者黄源盛认为:"观乎法律的发展,法虽具有民族历史的特性,然过分强调法的历史性和民族性,而轻忽立法者合理的造法活动,亦非的论。……德国法制史上,曾多次继受外国法,如今执大陆法系的牛耳;日本法制史上,也有过三次大规模继受外国法的经验,如今身列东亚法治先进国。继受之初,遭遇阻力,抗拒自难避免,几经适应,终能推动社会进步之功。"③

三、法律移植中对外来法律文化的正确态度

在中日民法近代化的开端期,中日两国对西方文明的态度存在着明显的差异。日本显然是采取积极接受的态度,而晚清则始终难以摆脱直接或间接、积极或消极的对抗态度。不过,在民法近代化的过程中,中国民众对西方文化的态度也发生了一场深刻的变化。

---

① 何勤华:《关于法律移植的几个问题》,载何勤华:《法的移植与法的本土化》,法律出版社 2001 年版,第 537—538 页。
② 黄源盛:《中国传统法制与思想》,台湾五南图书出版有限公司 1998 年版,第 538—539 页。
③ 同上书,第 351—352 页。

中国自古以来便以"天朝大国"自居,在文化上唯我独尊,视外人为夷狄,讲究"华夷之辨"。直到鸦片战争前后,人们对西方文化仍有着很大的偏见和蔑视,这一点,从夷商、夷酋、夷船、夷炮、夷技、夷语、夷言、夷情、夷事等时代术语中就可略见一斑。

然而到了 19 世纪下半期,这种情况逐渐改变。人们对西方文化的称呼,由"夷学"改为"西学"。这一方面是因为清末有关条约明文禁止称洋为"夷";更主要的,在于一大批有识之士对西方有了比较深入的了解,改变了对西方的偏见。然而到了 19 世纪末,越来越多的人喜欢将西方文化称为"新学",将中国传统学问称为"旧学",这种结果实非出于偶然。当时,进化论风行一时,"新"与维新、新政、新陈代谢等联系在一起,"旧"与守旧、过时、落后等联系在一起,"新"与"旧"已表达了明显的价值判断色彩。如果"夷学"带有强烈的贬义,"西学"基本属于中性,那么,"新学"则带有明显的褒扬之义,有赞赏、效法的意味。从夷学到西学再到新学,不正折射出西学东渐一百年中,中国社会对西学情感的演变过程吗?[1]

后来,人们由对西方文化的褒扬赞赏逐渐发展到了盲目崇拜,尤其是在中国迈向近现代化的过程中,有人甚至将"现代化"与"西方化"的概念绝对等同起来,这无疑是从一个极端走向了另一个极端。我们不能人为地创造一种以发达国家为模特的理想标准,然后将中国社会装进这个模式之中。文化的多元性决定了坚持西方法律文化一元主义的价值取向、简单以西方法治模式为东方翻版的做法是行不通的。埃塞俄比亚的民法典,由著名的比较法学家勒内·达维德(Rene David)起草。这部法典就其内容来说,不可谓不先进,但适用效果不好,被评价为"比较法学家的快事,非洲人的恶梦"[2]。这一深刻的教训启示我们:面对西方法律文化,既要有海纳百川的

---

[1] 熊月之:《西学东渐与晚清社会》,上海人民出版社 1994 年版,第 729—730 页。

[2] 徐国栋:《埃塞俄比亚民法典:两股改革热情碰撞的结晶》,载《埃塞俄比亚民法典》(中文版序言),中国法制出版社、金桥文化出版(香港)有限公司 2002 年版,第 22 页。

宽广胸怀,但同时又决不能对之盲目崇拜而主张全面移植、简单拷贝。

关于"近代化"和"西化",学者冯友兰曾经说过:"从前人常说我们要西洋化。现代人常说我们要近代化或现代化。这并不是专就名词上改变,这表示近来人的一种见解上底改变。这表示,一般人已渐觉得以前所谓西洋文化之所以是优越的,并不是因为它是西洋底,而是因为它是近代底或现代底。我们近百年之所以到处吃亏,并不是因为我们的文化是中国底,而是因为我们的文化是中古底。这一觉悟是很大底。即专就名词说,近代化或现代化之名,比西洋之名,实亦较不含混。"①

所以说,"近代化"绝对不是简单的"西化",更不是全盘西化。无论是中国的民法近代化,还是日本的民法近代化,都是在学习西方先进法律制度和法律观念的基础上,结合本国优良的法律传统,编纂出具有本国特色的符合时代要求的近代民法典。只是因为近代民法是西方文明的产物,因此中日两国的民法近代化才不得不以西方国家为模板,民法典编纂也自然吸取了不少西方国家近代民法典的内容。但仅仅依此就把"近代化"完全等同于"西化",显然是没有道理的。

总之,在对待外来文化的态度上,我们既要反对固步自封、骄傲自大、唯我独尊、排斥外来文化的狭隘心理,又要反对妄自菲薄、对外来文化盲目崇拜、对西方法律不加分辨、照搬照抄的全盘西化思想。

第五节　民法近代化与政治、经济、思想、文化诸要素的关系

综观中日两国民法近代化的历史进程,本书认为:经济发展是民法近代

---

① 冯友兰:《新事论》,载《三松堂全集》(第4卷),河南人民出版社2001年版,第225页。

化的物质基础,政治改革是民法近代化的必要前提,近代思想文化观念的确立是民法近代化顺利进行的保障,能否使本国法律传统与外来法律文化协调统一是决定民法近代化成败的关键。

第一,经济发展是民法近代化的物质基础。

正如马克思所言:"无论是政治的立法或市民的立法,都只表明和记载经济关系的要求而已。"①任何社会的法律都是一定经济关系和社会关系的反映,尽管先进的民法会促进经济的发展,即所谓上层建筑对生产关系的反作用力,但这种力量远远不能和经济发展水平对法律的决定力量相提并论。例如,在 19 世纪末 20 世纪初的中国,传统生产关系依然占据绝对优势,资本主义生产关系非常微弱,自给自足的自然经济占主导地位,市场经济极不发达,在这种情况下,虽然中国的政治法律制度在世界民主大潮和帝国主义列强冲击下,内部不断孕育着革命因素,推动着传统法制向近代法制转型,但中国社会的经济基础状况决定了在中国半殖民地半封建的社会条件下,近代民法在现实中难以推行。因此,经济发展是民法近代化的物质基础,不顾经济发展水平而盲目追求法律进步的做法是不可取的。

第二,政治改革是民法近代化的必要前提。

回顾清末法制改革,立法者也曾力图吸取西方法中自由、权利、平等及保障当事人诉讼权利的原则,至少从形式上如此。但以自由、平等、人权为价值取向的西方近代民法思想与中国皇权专制体制有着根本的对立和冲突,二者无法和平共处。所以,在清末皇权统治和君主专制没有崩溃的历史背景下,法制近代化不可能有突破性的建树,而只能以皇权和纲常礼教为皈依。从这方面看,晚清修律陷于两难境地是不可避免的,以专制统治者为载体进行近代化法制改革本身就决定了其必然失败的命运。《中华民国民法》和日本明治民法之所以体现了民法近代化的完成,这与日本立宪政体和中

---

① 《马克思恩格斯全集》(第 4 卷),人民出版社 1972 年版,第 121—122 页。

华民国共和政体的建立不无关系。

第三,近代思想文化观念的确立是民法近代化顺利进行的保障。

从进化论的观点来看,人们的思想意识有一个由低级到高级、由简单到复杂、由野蛮到文明的发展过程。近现代思想文化观的建立和普及乃是历史的必然。但思想文化发展不像政治变迁可能通过一场疾风暴雨式的革命迅速达到,这是一个缓慢的渐进过程。如果近代思想文化观念不能在广大民众心中扎根,即使有了先进的完备的近代法律,也只能是一纸具文,难以在现实中发挥作用。

第四,能否使本国法律传统与外来法律文化协调统一是决定民法近代化成败的关键。

在人类文明发展史上,法文化的移植无论在东西方都屡见不鲜,而且是促进法文化共同发展的必要途径。但移植不能作为某种政治需要的粉饰而流于形式,更不能无视本国的实际状况而硬性嫁接。立法时如果一味追求速度和数量而不顾本国法律传统,势必脱离本国国情,降低立法的施行效果,使已制定的法大都停留在具文阶段,不能顺利地发挥调整社会生活准则的实际效力。被移植来的西方法文化,只有经过消化和吸收,成为本国文化的一部分,才是成功的移植。

中日民法近代化走过的道路给我们的启示是,中国的民法典编纂必须从中国实际情况出发,既要充分考虑具体的政治、经济、思想文化等因素的发展状况,又要积极吸收中国固有的法律传统和法律习惯,并使之与西方法律文化有机结合起来。

最后,笔者想要指出的是,清末通过修律,具有西方法律形式特征的各类法律法规竞相出台,中国法律体系开始从古代到近代的转变。这种表面上取得的成绩,往往给人们造成了一个错觉,即法律的近代化是如此容易,似乎一夜之间便能完成;法律近代化的过程又是如此简单,无非照搬照抄西方法律的条文而已。事实并非如此,虽然《中华民国民法》和明治民法的制

定和颁布实施标志着中日两国民法近代化的完成,但是,两部法典与现实的
融合以及民法从近代化迈向现代化仍然是任重道远的艰巨任务。近现代民
法的建立和发展是一个漫长的复杂的过程,不可能一蹴而就,一劳永逸。只
不过,民法近代化和现代化过程的复杂、漫长和艰难不应成为制定民法典的
障碍和反对制定民法典的借口。从这方面来说,日本明治民法的成功所带
来的启示是:制定民法典时既不能只注重条文的先进与完善而忽视本国的
法律传统,也不能总是以为条件不成熟而将民法典制定推向遥遥无期的
将来。

主要参考文献

一、中文专著

［美］埃尔曼:《比较法律文化》,贺卫方、高鸿钧译,生活·读书·新知三联书店1990 年版。

［美］艾伦·沃森:《民法法系的演变及形成》,李静冰、姚新华译,中国政法大学出版社 1992 年版。

［日］安冈昭男:《日本近代史》,林和生、李心纯译,中国社会科学出版社 1996年版。

［美］博登海默:《法理学:法律哲学与法律方法》,邓正来译,中国政法大学出版社 1999 年版。

曹为、王书江:《日本民法》,法律出版社 1986 年版。

［德］K.茨威格特、H.克茨:《比较法总论》,潘汉典等译,法律出版社 2003 年版。

陈盛清:《外国法制史》,北京大学出版社 1982 年版。

［日］川岛武宜:《现代化与法》,王志安等译,中国政法大学出版社 1994 年版。

［日］大木雅夫:《比较法》,范愉译,法律出版社 1999 年版。

［美］费正清、费维恺:《剑桥中华民国史》(上、下册),杨品泉等译,中国社会科学院出版社 1993 年版。

［美］费正清、刘广京:《剑桥晚清史》(上、下册),中国社会科学院历史所译,中国社会科学院出版社 1993 年版。

［日］冈田雄一郎:《满洲调查记》,富士英译,出版日期及出版机构不详,现藏于上海图书馆近代资料研究室(编号 288714)。

公丕祥:《法律文体的冲突与融合》,中国广播电视出版社 1993 年版。

故宫博物院明清档案部:《清末筹备立宪档案史料》,中华书局 1979 年版。

郭卫、周定枚:《六法判解理由总集》,上海法学书局 1935 年版。

何勤华:《法律文化史论》,法律出版社 1998 年版。

何勤华:《外国法制史》,法律出版社 1997 年版。

何勤华等:《日本法律发达史》,上海人民出版社 1999 年版。

何勤华、殷啸虎:《中华人民共和国民法史》,复旦大学出版社 1999 年版。

胡长清:《中国民法总论》,中国政法大学出版社 1998 年版。

胡汉民:《胡汉民先生文集》,中国台湾地区"中国国民党中央委员会党史委员会"1978 年版。

胡汉民:《胡汉民选集》,台湾帕米尔书店 1959 年版。

华友根:《中国近代法律思想史》(下册),上海社会科学院出版社 1993 年版。

黄源盛:《中国传统法制与思想》,台湾五南图书出版有限公司 1998 年版。

翦伯赞:《中国史纲要》,人民出版社 1995 年版。

[法]勒内·达维德:《当代主要法律体系》,上海译文出版社 1984 年版。

李贵连:《沈家本与中国法律现代化》,光明日报出版社 1989 年版。

李贵连:《沈家本年谱长编》,台北成文出版社 1992 年版。

李贵连:《沈家本传》,法律出版社 2000 年版。

李贵连:《近代中国法制与法学》,北京大学出版社 2002 年版。

梁慧星:《民法解释学》,中国政法大学出版社 1995 年版。

梁慧星:《民法学说判例与立法研究》(二),国家行政学院出版社 1999 年版。

梁慧星:《民法总论》,法律出版社 1996 年版。

梁慧星:《民商法论丛》(第 1 卷),法律出版社 1994 年版。

林榕年:《外国法律制度史》,中国人民公安大学出版社 1992 年版。

刘秀生、杨雨表:《中国清代教育史》,人民出版社 1994 年版。

刘亚洲:《日本现代化研究》,东方出版社 1995 年版。

[美]G.罗兹曼主编:《中国的现代化》,江苏人民出版社 1988 年版。

罗志渊:《近代中国法制演变研究》,台湾正中书局 1976 年版。

[英]梅因:《古代法》,沈景一译,商务印书馆 1984 年版。

梅仲协:《民法要义》,中国政法大学出版社 1998 年版。

[法]孟德斯鸠:《论法的精神》(上、下册),张雁深译,商务印书馆 1961 年版。

米庆余:《明治维新:日本资本主义的起步与形成》,求实出版社 1988 年版。

南京国民政府司法行政部:《民事习惯调查报告录》,中国政法大学出版社 1999 年版。

潘维和:《中国近代民法史》,台湾汉林出版社 1982 年版。

渠涛:《中日民商法研究》(第 1 卷),法律出版社 2003 年版。

沈家本:《寄簃文存》,商务印书馆 2015 年版。

施沛生:《中国民事习惯大全》,上海书店出版社 2002 年版。

史尚宽:《民法总论》,台湾正大印书馆 1970 年版。

苏亦工:《明清律典与条例》,中国政法大学出版社 2000 年版。

汪楫宝:《民国司法志》,台湾正中书局印行 1954 年版。

王继平:《幻灭与新生》,北京燕山出版社 1998 年版。

王家骅:《儒家思想与日本文化》,浙江人民出版社 1990 年版。

王泽鉴:《民法学说与判例研究》(第 1 册),中国政法大学出版社 1998 年版。

吴杰:《日本史辞典》,复旦大学出版社 1992 年版。

吴廷璆:《日本近代化研究》,商务印书馆 1997 年版。

武树臣:《中国传统法律文化》,北京大学出版社 1994 年版。

谢怀栻:《外国民商法精要》,法律出版社 2002 年版。

谢振民:《中华民国立法史》,台湾正中书局 1937 年版。

熊月之:《西学东渐与晚清社会》,上海人民出版社 1994 年版。

许庆朴、张福记:《近现代中国社会》(上册),齐鲁书社 2002 年版。

薛梅卿、叶峰:《中国法制史稿》,高等教育出版社 1990 年版。

[美]杨格窝尔德:《日本在满洲特殊地位之研究》,叶天倪译,商务印书馆 1933 年版。

杨鸿烈:《中国法律发达史》(下),上海书店 1990 年版。

杨立新:《大清民律草案　民国民律草案》,吉林人民出版社 2002 年版。

杨幼炯:《近代中国立法史》,商务印书馆 1936 年版。

叶孝信:《中国法制史》,北京大学出版社 1996 年版。

叶孝信:《中国民法史》,上海人民出版社 1993 年版。

伊文成、马家骏:《明治维新史》,辽宁教育出版社 1987 年版。

[日]依田熹家:《简明日本通史》,北京大学出版社 1989 年版。

俞世英:《民法总论》,台湾三民书局 1965 年版。

曾宪义、郑定:《中国法律制度史研究通览》,天津教育出版社 1989 年版。

张国华:《中国法律思想史》,法律出版社 1982 年版。

张鹤元:《满洲国之现阶段》,中央书报发行所(南京)1940 年版。

张晋藩:《二十世纪中国法治回眸》,法律出版社 1998 年版。

张晋藩:《中国法律的传统与近代转型》,法律出版社 1997 年版。

张晋藩:《中国法律的传统与现代化》,中国民主法制出版社 1996 年版。

张晋藩:《中国法律史》,法律出版社 1995 年版。

张晋藩:《中国法制史》,中国政法大学出版社 1999 年版。

张晋藩:《中国法制史研究综述》,中国人民公安大学出版社 1990 年版。

张旅平:《文明的冲突与融合》,文津出版社 1993 年版。

张培田:《中西近代法文化冲突》,中国广播电视出版社 1994 年版。

张生:《民国初期民法的近代化》,中国政法大学出版社 2002 年版。

张中福:《中华民国法制简史》,北京大学出版社 1986 年版。

郑彭年:《日本西方文化摄取史》,杭州大学出版社 1996 年版。

中国台湾地区"司法行政部民法研究修正委员会":《中华民国民法制定史料汇编》,中国台湾地区"司法行政部总务司"1976 年版。

朱寿朋:《光绪朝东华录》(全五册),张静庐等校点,中华书局 1958 年版。

朱勇:《中国法制史》,法律出版社 1999 年版。

朱勇:《中国法制通史》(第 9 卷),法律出版社 1999 年版。

[日]佐藤清胜:《满洲事变与新国家》,日本检讨会(上海)1932 年版。

二、中文论文

陈鹏生、何勤华:《中日法律文化近代化之若干比较》,《中国法学》1992 年第 2 期。

陈永胜:《中、日两国法制近代化比较研究》,《甘肃政法学院学报》1999 年第 1 期。

丁明胜、武树臣:《日本明治民法研究(一)》,《北京市政法管理干部学院学报》2003 年第 1 期。

丁相顺:《日本近代"法典论争"的历史分析》,《法学家》2002 年第 3 期。

段匡:《日本的民法解释学》,《民商法论丛》第四卷。

公丕祥、夏锦文:《历史与现实:中国法制现代化及其意义》,《法学家》1997 年第 4 期。

郭成伟、郭瑞卿:《中国法律近代化的路径——中国法律的变革与外来法律资源的本土化》,《金陵法律评论》2002 年第 2 期。

郭成伟、马志刚:《历史境遇与法系构建:中国的回应》,《政法论坛》2000 年第 5 期。

郭志祥:《中国法制近代化论略》,《史学月刊》1992 年第 4 期。

韩世远:《论中国民法的现代化》,《法学研究》1995 年第 4 期。

郝铁川:《中国法制现代化与移植西方法律》,《法学》1993 年第 9 期。

胡旭晟:《20 世纪前期中国之民商事习惯调查及其意义》,《湘潭大学学报(哲社版)》1999 年第 8 期。

李罡:《中华法系的解体与中国现代法律制度的初步形成》,《北京行政学院学报》2000 年第 3 期。

李秀清:《20 世纪前期民法潮流与中华民国民法》,《政法论坛》2002 年第 1 期。

李秀清:《中国近代民商法的嚆矢——清末移植外国民商法述评》,《法商研究》2001 年第 6 期。

刘广安:《传统习惯对清末民事立法的影响》,《比较法研究》1996 年第 1 期。

马作武:《沈家本的局限与法律现代化的误区》,《法学家》1999 年第 4 期。

孟祥沛:《日本近代法制:脱中入西》,《探索与争鸣》1999 年第 12 期。

史浩明:《借鉴与反思——谈德国民法典对制定我国民法典的几点启示》,《东吴法学》2000 年第 3 期。

苏力:《当代中国法律中的习惯——一个制定法的透视》,《法学评论》2001 年第 3 期。

汤唯:《法律西方化与本土化的理性思考:也论中国法律文化现代化》,《烟台大学学报(哲学社会科学版)》1999 年第 4 期。

陶广峰:《清末民初中国比较法学的产生》,《法学研究》1998 年第 1 期。

王立民:《清末中国从日本民法中吸取德国民法》,《法学》1997 年第 1 期。

王敏:《论清末修律的方法与意义》,《南京师大学报》1997 年第 3 期。

武树臣、丁明胜:《日本明治初期的民法编纂》,《中外法学》2002 年第 4 期。

夏锦文、唐宏强:《儒家法律文化与中日法制现代化》,《法律科学》1997 年第 1 期。

谢晖、崔英楠:《变法与革理》,《文史哲》2000 年第 2 期。

徐立志:《中日法制近代化比较研究》,《外国法译评(法学译丛)》2000 年第 1 期。

徐晓光、石泉长:《清末的法制改革及其历史意义》,《社会科学辑刊》1992 年第 6 期。

余能斌、李国庆:《中国民法法典化之索源与前瞻》,《法学评论》1995 年第 1 期。

俞江:《大清民律(草案)考析》,《南京大学法律评论》1998 年春季刊。

张晋藩:《中国传统法观念的转变与晚清修律》,《南京大学法律评论》1998 年春。

张亚群:《论清末留学教育的发展》,《华侨大学学报》2001 年第 6 期。

三、外文专著

Philip C.C. Huang, *Code, Custom and Legal Practice in China: The Qing and the Republic Compared*, Stanford University Press, California 2001.

北川善太郎著「日本法学の歴史と理論」, 評論社 1968 年版。

比較法史学会編集委員会編「救済の秩序と法」, 未来社 1997 年版。

長野国助等編「法曹百年史」, 法曹公論社 1969 年版。

川口由彦著「日本近代法制史」, 新世紀株式会社 1998 年版。

大久保泰甫、高橋良彰著「ボワソナード民法典の編纂」, 日本雄松堂 1999 年版。

大久保泰甫著「日本近代化の父：ボワソナード」, 岩波書店 1998 年版。

大竹秀男、牧英正主編「日本法制史」, 青林書院 1985 年版。

島田正郎著「清末における近代法典の編纂」, 創文社 1980 年版。

福島正夫編「日本近代法体制の形成」, 日本評論社 1982 年版。

福島正夫編「穂積陳重立法関係文書の研究」, 信山社 1989 年版。

福島正夫著「日本資本主義の発達と私法」, 東京大学出版会 1988 年版。

宮川澄著「旧民法と明治民法」, 青木書店 1965 年版。

広中俊雄編著「第九回帝国議会の民法審議」, 有斐閣 1986 年版。

広中俊雄、星野英一編「民法典の百年」, 有斐閣 1998 年版。

加藤雅信等編「民法学説百年史」, 三省堂 1999 年版。

林屋礼二等編「明治前期の法と裁判」, 信山社 2003 年版。

満州司法協会編纂「満州帝国六法」, 厳松堂書店 1941 年版。

牧英正、藤原明久編「日本法制史」, 青林書院 1993 年版。

千種達夫著「満州親族相続法の要綱」, 日本法理研究会 1943 年版。

山中永之佑編「新・日本近代法論」, 法律文化社 2002 年版。

石井良助著「民法典の編纂」, 創文社 1979 年版。

石井紫郎編著「日本近代法講義」, 青林書院新社 1972 年版。

手塚豊著「明治民法史の研究」(上), 慶応通信株式会社 1990 年版。

手塚豊著「明治民法史の研究」(下), 慶応通信株式会社 1991 年版。

水本浩、平井一雄編「日本民法学史・通史」, 信山社 1997 年版。

鵜飼信成、福島正夫、川島武宜、辻清明編「日本近代法発達史」, 劲草書房 1958 年版。

西村重雄、児玉寛編「日本民法典と西欧法伝統」,九州大学出版会 2000 年版。

星野通著「民法典論争史」,日本評論社 1944 年版。

星野通著「明治民法編纂史研究」,信山社 1984 年版。

熊谷開作著「近代日本の法学と法意識」,法律文化社 1991 年版。

岩田新著「日本民法史」,同文館 1928 年版。

鄭鐘休著「韓国民法典の比較法的研究」,創文社 1989 年版。

中村菊男著「近代日本の法的形成」,有信堂 1946 年版。

中村雄二郎著「近代日本における制度と思想」,未来社 1999 年版。

滋賀秀三編「中国法制史」,東京大学出版会 1993 年版。

四、外文论文

阪上孝「革命と伝統」,「思想」第 789 巻(1990 年)。

池田真朗「自然法学者ボワソナード」,「法律時報」第 70 巻(1998 年)第 9 号。

大久保泰甫「民法典と日本社会」,「法律時報」第 71 巻(1999 年)第 4 号。

岡孝「民法起草とドイツ民法第二草案の影響」,「法律時報」第 70 巻(1998 年)第 7 号。

高橋良彰「ボワソナード草案と旧民法典」,「法律時報」第 66 巻(1990 年)第 11, 12 号。

郭建「中日両国の民法近代化過程に関する比較研究:その背景と準備」,山梨学院大学「法学論集」第 39 号(1998 年)。

片山直也「フランス法学説としてみたボワソナード旧民法」,「法律時報」第 70 巻(1998 年)第 9 号。

上田誠吉「日本の司法官と満洲国」,「法と民主主義」第 310, 311, 312 巻(1996 年)。

小柳春一郎「穂積陳重と旧民法」,「法制史研究」第 31 号(1981 年)。

图书在版编目(CIP)数据

中日民法的近代化和法典化 / 孟祥沛著. -- 上海：
上海人民出版社，2024. --（上海社会科学院重要学术
成果丛书）. -- ISBN 978-7-208-18962-1

Ⅰ. D923.02；D931.33

中国国家版本馆 CIP 数据核字第 2024NV3263 号

责任编辑　史美林
封面设计　路　静

上海社会科学院重要学术成果丛书·专著

中日民法的近代化和法典化

孟祥沛　著

出　　版　上海人民出版社
　　　　　（201101　上海市闵行区号景路 159 弄 C 座）
发　　行　上海人民出版社发行中心
印　　刷　上海新华印刷有限公司
开　　本　720×1000　1/16
印　　张　14
插　　页　2
字　　数　180,000
版　　次　2024 年 9 月第 1 版
印　　次　2024 年 9 月第 1 次印刷
ISBN 978-7-208-18962-1/D·4339
定　　价　72.00 元